SPARKNOTES™

다락원 | Spark Publishing

매트릭스

The Matrix Trilogy

래리 워쇼스키와 앤디 워쇼스키

다락원 | Spark Publishing

SPARKNOTES™ 039

매트릭스

펴낸이 정규도
펴낸곳 (주)다락원

초판 1쇄 인쇄 2010년 11월 11일
초판 1쇄 발행 2010년 11월 18일

책임편집 안창열
디자인 정현석
번역 윤한정
표지삽화 손창복

다락원 경기도 파주시 교하읍 문발리 509-1
내용문의: (031)955-7272(내선 400)
구입문의: (02)736-2031(내선 112~114)
Fax:(02)732-2037
출판등록 1977년 9월 16일 제300-1977-23호

Copyright © 2010, 다락원

출판사의 허락 없이 이 책의 일부 또는 전부를
무단 복제 · 전재 · 발췌할 수 없습니다.
잘못된 책은 바꿔 드립니다.

값 7,000원

ISBN 978-89-277-1988-5 43740

세계의 교양을 읽는다

고전을 왜 읽는가?

인간의 삶과 세상에 대한 영원한 물음이 있기 때문이다. 시대와 사상을 뛰어넘어 지금 여기 우리에게 필요한 물음이 없는 고전은 더 이상 고전이 아니다. 인간과 삶에 대한 근원적인 물음 없이 고전을 읽는다면 자신과 인간에 대한 성찰과 지혜로 이어지지 않는다. 논술 시험 때문에, 과제물 때문에, 아니면 남들이 읽으니까, 나도 읽는다는 식이라면 그 책은 죽은 책일 수밖에 없다.

고전을 살아 있는 책으로 만드는 이 '물음!'에 답하기 위해서는 좋은 길잡이가 필요하다. 오랜 기간 동안 미국의 고교생과 대학 주니어들이 시험, 에세이 작성, 심층토론 준비를 위해 바이블처럼 애용해온 'SPARKNOTES'와 'CliffsNotes'는 바로 그런 좋은 길잡이의 표본이다.

SPARKNOTES와 CliffsNotes의 가장 큰 장점은 방대하고 난해한 고전을 Chapter별로 요약하고 분석해서 원전의 내용에 보다 쉽고 체계적으로 접근하는 신속·간편성이라고 할 수 있다.

대입논술로 고민하고, 자칭 타칭의 고전이 넘쳐나는 오늘의 독서 풍토에서 지적 정복이 긴박한 대한민국 학생들에게 감히 이 시리즈를 자신있게 권한다.

—以貫之 논술연구모임 연구실장 이호곤

차례

O Review

이 책의 구성

SPARKNOTES와 CliffsNotes는 방대하고 난해한 원작을 보다 쉽게 이해할 수 있도록 돕는 안내서입니다. 여기에는 원작 이해를 돕기 위해 매 장마다 '요점 정리(또는 줄거리)'와 '풀어보기'가 실려 있습니다. '요점 정리(또는 줄거리)'에는 원저의 내용을 일목요연하게 정리해 놓아 저자가 전달하려는 내용을 어렵지 않게 파악할 수 있습니다. '풀어보기'에서는 철학서의 경우, 원저에 담긴 저자의 사상이나 관련 철학, 시대 상황, 논점 등을, 문학 작품인 경우에는 원작에 담긴 문학적 경향, 등장인물의 심리상태, 주제 등을 설명해 놓았습니다. 분석적이고 비판적인 글읽기의 바탕이 되는 요소들이죠. 비소설이나 소설을 막론하고 분석적이고 비판적인 글읽기는 독자에게 꼭 필요한 자질입니다.

그밖에도 원저를 좀더 깊이 복습해서 제대로 소화할 수 있도록 돕기 위해 'Study Questions'와 'Review Quiz' 등을 마련해 놓았습니다.

* 〈　〉는 철학서, 장편소설, 중편소설, 수필집, 시집. "　"는 단편소설, 논문
* 작품명은 독자의 이해를 돕기 위해 예외적인 경우를 제외하고는 영어식으로 표기함.

간추린 명작 노트

1999년 초, 수상한 벽보들이 미국 전역에 나붙었다. 제작한 영화라고는 겨우 한 편뿐인 무명에 가까운 작가-감독 팀이 공동으로 만든 수수께끼 같은 영화를 선전하는 벽보들이었다. 〈매트릭스 *The Matrix*〉라는 제목도 궁금증을 자아내기에 충분했다. 그리고 마침내 1999년 부활주간 주말에 개봉되면서, 호기심 유발 작전은 큰 성공을 거두었다는 것이 입증되었다. 전 세계에서 4억 6천만 달러의 흥행 수익을 올린 것이다. 이후 가장 많은 모방작들을 쏟아낸 작품 가운데 하나가 된 〈메트릭스〉는 여러 가지 혁신적인 특수효과를 비롯해 움직임이 늦춰지거나 얼어붙어 마치 카메라가 등장인물이나 대상 주변을 360도 회전하는 것처럼 보이는 '총알-시간(bullet-time)' 촬영기법을 채용했다. 그 효과가 아주 강렬했던 이 기법은 이후 〈심슨 가족 *The Simpsons*〉, 〈슈렉 *Shrek*〉, 〈무서운 영화 *Scary Movie*〉, 〈미녀 삼총사 *Charlie's Angels*〉, 심지어 슈퍼볼 중계에서도 희화화(戲畫化)되거나 모방되었다. 공동 작가 겸 공동 감독인 워쇼스키 형제—Larry and Andy Wachowski—는 이 영화로 하루아침에 유명해졌다.

그들은 대중매체와 거의 접촉하지 않았기 때문에 사

생활에 관해서는 알려진 것이 거의 없다. 〈매트릭스 2 리로디드 *The Matrix Reloaded*〉(이하 "매트릭스 2"), 〈매트릭스 3 레볼루션 *The Matrix Revolutions*〉(이하 "매트릭스 3")을 제작하기 위해 워너브라더스 영화사와 체결한 계약서에도 대중매체와 만나지 않는다는 단서조항이 명시되었다. 그러나 중요한 이력은 밝혀져 있다. 1960년대 시카고에서 태어나 어린 시절을 보낸 그들은 1980년대에 각각 바드 대학과 에머슨 대학을 중퇴하고, 주택 공사장 인부를 거쳐 마블 만화사에서 대본작가로 활동했다. 이어 1990년대 초에 워너브라더스에 판매한 대본이 영화사 측의 개작을 거쳐 실베스터 스텔론과 앤터니오 밴더라스가 주연한 〈암살자 *Assassins*〉로 제작되었으나 흥행에 실패하자 충격을 받고 다시는 저작권을 팔지 않기로 다짐했다고 전해진다.

그들은 첫 영화의 실패에 좌절하지 않고 레즈비언 느와르-스릴러 〈경계 *Bound*〉의 대본을 쓰고 감독을 맡는 한편, 〈매트릭스〉를 구상하면서 열네 차례의 수정을 거쳐 만화로 만들어 워너브라더스에 보여주고 영화 제작비로 7천만 달러를 확보했다.

워쇼스키 형제는 〈매트릭스〉 제작에 앞서 출연이 결정된 배우들에게 14개월에 걸친 무술훈련과 대본 독회에 참석할 것을 요구했고, 이처럼 집중적인 준비는 흥행 대박으로 이어졌다. 그 성공 덕분에 훨씬 더 많은 제작비를 얻어낸 그들은 두 편을 더 만들어 소위 〈매트릭스〉 3부작(이하 "3부작")을 완성했다. 1편과 마찬가지로 키아누 리브스가 주연한 2편과 3편도 긴밀하게 연결되는 화려한 장면과 획기적인 특수효과들이 돋보였다. 그러나 1편에는 호의적이던 평론가들의 관심이 뒤로 갈수록 점차 약해졌다. 3부작이 최근 제작된 그 어떤 연작 영화보다 일관적인 내적 논리를 유지한다는 점을 고려한다면 매우 이례적인 현상이었다. 그럼에도 불구하고 관객들의 열광은 식지 않아 3부작은 세계적으로 15억 명 이상의 관객을 끌어들였으며, 〈매트릭스 2〉는 개봉 첫 주에 박스오피스 흥행 기록을 갈아치웠다.

　　3부작에는 대중문화, 철학, 종교, 고전문학, 신화, 그리고 다른 영화들에 대한 언급과 암시가 넘쳐난다. 워쇼스키 형제는 이 작품들을 만들면서 그리스 신화, 영지주의, 불교, 힌두교, 허무주의*, 도교**, 만화, 르네 데카르트의 사상, 호머***의 〈오디세이 *Odyssey*〉, 미국 과학저널리스트 케빈 켈리(Kevin Kelly. 1952-)의 〈제어불능 *Out of Control*〉, 영

---

* **허무주의**(虛無主義. nihilism): 기존의 정치적·종교적·도덕적 권위와 사회질서·이데올로기를 부정하는 사상적 입장. 엄밀한 의미로 어떠한 실재(實在)나 진리도 인정하지 않고, 그것에 대한 인식가능성과 가치까지 부정하는 무(無)의 사상이다.

** **도교**(道敎. Taoism): 인간의 창의력을 지극히 존중하는 유교의 인본주의를 경계하고, 더 행복한 삶을 추구하기 위해 신선이 되고자 노력하는 구도사상. 무위자연(無爲自然)이 근간.

*** **호머**(Homer. 800?-750 B.C.): 호메로스(Homeros). 그리스 서사시인. 주요 작품은 〈일리아드〉 등.

국 철학자 딜런 에반스(Dylan Evans. 1966-)의 〈진화심리학 개론 *Introducing Evolutionary Psychology*〉 등 많은 출전으로부터 심상과 사상을 끌어왔으며, 다양한 인종을 대변하기 위해 여러 나라 출신의 배우들을 기용했다. 이렇게 사상, 문화, 종교, 국적이 뒤범벅된 3부작에서 여러 부류의 문화이론가들, 종교학자들, 전 세계의 SF영화광들은 자기들이 각별히 선호하는 사상들이 반영된 장면들을 보았다. 워쇼스키 형제는 3부작에 상징, 단일한 종교나 철학의 일관된 체계를 반영하려 들지 않고, 새롭고 보편적인 신화를 만들어내기 위해 여러 근거들을 절충해 놓았다고 주장했다.

3부작을 구성하는 각 영화는 그 자체로 큰 영향력을 가졌을 뿐만 아니라 학술적으로도 커다란 관심을 끌어 여러 논문집을 낳았고, 대학의 학기용 교재로 쓰였으며, 숱한 논란과 토론을 유발했다. '총알-시간' 특수효과는 자동차와 기타 상품을 홍보하는 텔레비전 광고에서 끊임없이 모방되었으며, 패러디 영화들에서도 재미삼아 많이 등장했다. 게다가 3부작은 비디오 게임, 의상, 만화 등에도 엄청난 영향을 주었으며, 영화 DVD는 비디오테이프보다 더 많이 팔려 막 태동한 DVD 산업의 발전을 촉진했을 정도였다. 3부작의 잠재적 시장가치에 눈을 뜬 워쇼스키 형제는 2편과 3편 사이에 3부작의 주요 배경정보를 제공하는 단편 만화영화 시리즈 〈애니매트릭스 *Animatrix*〉와 비디오 게임 〈엔터 더 매트릭스 *Enter the Matrix*〉를 제작했다.

　신비스럽고 난해한 문제들과 수수께끼들로 가득한 3부작은 해답보다는 의문을 더 많이 불러일으켜 영화제작자들이 기분 좋게 인정하는 낭패감을 안겨주었다. 워쇼스키 형제는 1차 목표 하나가 생각하게 만드는 액션 영화의 제작이라고 말한 적이 있고, 3부작은 지식이 우리를 해방시킨다는 관념에 근거하기 때문에 관객은 많은 부분을 스스로 이해해야 한다. 형제 감독은 자기들이 제기한 문제들에 대해 명쾌한 답을 제시하지 않으려고 신경을 쓴다. 이따금 3부작을 이해한다는 말은 지금 벌어지는 일을 정확히 알고 있다기보다는 당신이 묻게 되어 있는 질문들을 더 많이 안다는 뜻이 된다. 트리니티가 네오를 처음 만난 자리에서 던지는 말처럼, '우리를 작동시키는 것은 질문들'인 것이다.

〈매트릭스 *The Matrix*〉

　두 남녀가 '그 사람(the One)'의 감시와 죽이는 문제를 놓고 통화하다가 여자가 도청이 염려된다며 전화를 끊는다. 발신지를 추적한 경찰이 반체제 컴퓨터 해커 트리니티가 묵는 호텔 방을 덮친다. 트리니티는 중력을 거부하는 현란한 무술로 경찰관들을 해치운다. 정장차림의 요원들이 현장에 들이닥쳐 트리니티를 체포하려 한다. 모피어스의 지시에 따라 호텔 방을 벗어나 접속장소인 공중전화 부스로 향하는 트리니티를 요원들이 추격한다. 쫓고 쫓기는 요원들과 트리니티는 모두 초인적인 능력을 보여준다.

　인적이 끊긴 거리의 공중전화 부스에서 벨이 울린다. 부스를 향해 전력 질주한 트리니티가 수화기를 귀에 대는 순간, 달려온 대형 트럭이 부스를 박살내지만 그녀의 흔적은 온 데 간 데 없다. 요원들의 대화를 통해 그들이 얻은 정보는 정확했으며, 트리니티 측의 다음 목표는 '네오'임이 밝혀진다. 스미스 요원이 '자료를 검색해야겠다'고 말하자, '이미 시작했다'는 답이 돌아온다.

　컴퓨터 책상에 엎드려 자고 있던 네오가 컴퓨터 신호음 소리에 눈을 뜨고 모니터를 본다. '네오 일어나. 너는 매트릭스에 잡혔다"라는 메시지가 뜬다. 네오가 Esc를 치고 "하얀 토끼를 따라가라. 똑, 똑, 네오"라는 메시지를 읽는 순간, 노크 소리가 들린다. 문을 열고 단골임을 확인한 그는 속을 파낸 〈시뮬라크르와 시뮬라시옹 *Simulacra and Simulation*〉에서 CD를 꺼내 건네고 돈을 받으면서 '요즘 꿈과 생시를 구분할 수 없다'고 하소연한다. 고객은 '컴퓨터 플러그를 빼고… 기분전환을 해야 한다'며 함께 테크노 클럽에 가자고 권한다. '내일 일을 해야 한다'며 거절하던 네오가 고객의 여자 친구 어깨에서 하얀 토끼 문신이 눈에 띄자 메시지를 떠올리고 따라나선다.

클럽 안. 트리니티가 네오에게 접근한다. 네오는 그녀가 국세청 DB를 해킹했던 전설적인 해커라는 사실밖에는 모른다. 반면, 네오가 처한 위험을 알려주기 위해 클럽으로 불렀다는 트리니티는 그의 일거수일투족을 소상히 알고 있다. "매트릭스가 뭐죠?"라는 네오의 질문에 트리니티는 '그 답은 어딘가에 있다'면서, '그것은 당신을 찾고 있으며, 만약 그것이 당신을 찾아주기를 바란다면 그것은 당신을 찾을 것'이라고 답한다. 갑자기 자명종이 울리고, 네오가 화들짝 잠을 깬다. 또 늦잠을 잔 것.

지각(遲刻)을 나무라는 직장 상사의 꾸지람을 통해 네오의 본명이 앤더슨이며, 직장생활에는 제대로 적응하지 못하지만 세계 굴지의 컴퓨터 소프트웨어 회사에 근무하는 프로그래머란 사실이 밝혀진다.

네오의 칸막이. 네오가 택배회사 직원이 배달한 소포에서 휴대전화기를 꺼내자마자 벨이 울린다. 전화기를 귀에 대자, 모피어스의 목소리가 들린다. 두 사람은 이미 아는 사이인 듯하다. ‘그들이 당신을 체포하러 오고 있다’는 모피어스의 말에 네오가 급히 고개를 들자, 요원들과 경찰관들이 직원의 안내를 받고 있다. 네오는 모피어스의 지시에 따라 사무실 외벽으로 나가 비계를 타고 피신하려 하지만, 겁을 집어먹고 되돌아 나와 체포되어 모처로 끌려간다.

조사실로 요원 세 명이 들어온다. 스미스 요원은 자료를 뒤적이며 네오가 낮에는 ‘토머스 A. 앤더슨’이란 시민으로 세금도 내면서 선량하게 살아가지만, 밤에는 ‘네오’란 가명으로 사실상 법에 규정된 모든 컴퓨터 범죄를 저지르는 이중생활을 한다면서 ‘모피어스’라는 테러범을 처단하도록 도와주면 모든 기록을 삭제하고 새 출발을 돕겠노라고 제안한다. 네오는 그 제안을 거부하고 피의자의 권리를 내세우며 전화를 걸게 해달라고 요구한다. 그러나 ‘말도 못하는데 전화기가 무슨 소용 있느냐’는 스미스의 말이 떨어지기 무섭게 입술이 들러붙자 겁에 질린 네오를 요원들이 달려들어 책상 위에 눕힌다. 스미스는 ‘원하든 원하지 않든 간에 우리를 도울 수밖에 없을 것’이라며 네오의 배 위에 금속 ‘벌레’를 올려놓자 벌레가 배꼽으로 들어간다.

화들짝 놀라 잠을 깨는 네오. 그 순간 다시 전화를 걸어온 모피어스는 '그들이 자네의 중요성을 간과했다'며 '만약 내가 알고 있는 것을 그들이 알았더라면 자넨 필시 죽었을 것'이라면서, "자네는 '그 사람'이다. 자넨 지난 수년간 나를 찾았겠지만 나는 평생을 찾아다녔다"고 덧붙인다.

결국 모피어스와 만나기로 약속하고 폭우가 내리는 밤에 약속 장소로 나간 네오 앞에 자동차가 멈춰서고 뒷문이 열린다. 차에 올라탄 네오에게 트리니티 일행이 총을 겨누며 '당신으로부터 우리의 안전을 지키기 위해 필요하다'면서 옷을 벗든지 길바닥으로 나서든지 하나를 선택하라고 요구한다. 네오가 차에서 내리려고 하자, 트리니티가 '나를 믿어야 한다'며 '이미 경험하지 않았느냐'고 만류하면서 기묘한 기구로 네오의 몸에서 '벌레'를 빼내 창밖으로 내던진다. 네오는 스미스에게 당한 일이 꿈이 아니란 사실을 알고 소스라치게 놀란다.

빈 건물의 낡은 방. 모피어스가 네오에게 '뭔지 설명할 수는 없지만… 세상이 잘못되었다는 느낌이… 머리를 돌게 만들기 때문'에 이곳을 찾지 않았느냐면서 "무슨 말인지 알겠느냐?"고 묻자, '매트릭스'라고 답한다. 이어 모피어스가 '그것의 실체'를 알고 싶은지 묻자, 네오가 고개를 끄덕인다.

"매트릭스는 모든 곳에 있어… 심지어 지금 바로 이 방 안에도. 창밖을 내다보거나 TV를 켜도 볼 수 있고, 출근하거나 교회에 갈 때도… 느낄 수 있지. 그것은 진실로부터 자네의 눈을 가리기 위해 덧씌워진 세계야."

네오가 '어떤 진실'인지 묻는다. 모피어스는 "자네가 노예라는 것. 자넨 다른 사람들과 마찬가지로 속박 속으로 태어났고, 냄새를 맡거나 맛을 느끼거나 만질 수도 없는 감옥으로 태어났어. 마음의 감옥'이라고 답하고, 매트릭스의 실체를 알려면 '불행히도… 직접 보는 수밖에 없다'면서 알약 두 개를 내민다. 파란 약을 선택하면 아무것도 기억하지 못한 채 집에서 잠이 깰 것이고, 빨간 약을 먹으면 '이상한 나라에 남아 토끼 굴이 얼마나 깊은지' 모피어스의 안내를 받을 것이다. 네오가 빨간 약을 먹는다. 그 알약은 네오와 매트릭스를 연결하는 입출력 반송(搬送) 신호들을 교란시켜 매트릭스 밖에서 네오의 위치를 파악할 수 있는 추적 프로그램이다. 트리니티가 네오의 목 뒤에 어떤 장치를 연결하자 옆에 있던 거울이 흐물흐물해지고, 네오가 손을 대자 수은을 연상시키는 물질이 몸을 뒤덮는다. 네오는 겁에 질린다.

털이 모두 깎이고 벌거벗은 네오가 끈적끈적한 물질이 채워진 큰 통 안에서 정신이 돌아온다. 몸에는 많은 선이 연결되어 있다. 끝이 보이지 않을 만큼 거대한 방에는 사람이 하나씩 들어 있는 통들이 가득하다. 날아온 로봇곤충의 입에서 드릴이 나와 네오의 목 뒤에 구멍을 뚫자 네오가 기진맥진한다. 이어 몸에서 선들이 떨어져나간 네오는 통을 채우고 있던 흐물흐물한 물질에 휩쓸려 깊은 웅덩이로 떨어져 허우적거린다. 천장이 열리고 위에서 금속 집게발이 내려와 네오를 환한 곳으로 집어 올린다.

모피어스와 승무원들이 한 번도 사용된 적이 없는 네오의 몸을 재활시키고 있다. 네오의 근육은 약해질 대로 약해졌고 두 눈도 본 적이 없다. 얼마 후 정신을 차린 네오에게 지금은 2199년쯤이라고 일러주고, 말로는 설명할 수 없으니 직접 보라며 '내 함정' 느브갓네살 호를 안내한다. 네오는 이미 알고 있던 에이포크, 스위치, 사이퍼에 이어 탱크와 도저 형제, 사이퍼, 가장 어린 마우스를 소개받는다. 함정의 교환수 탱크는 현실세계에 머물면서 매트릭스 속에 있는 사람들을 탈출구인 전화기로 인도하는 임무를 수행한다. 매트릭스와 현실세계를 잇는 출입구는 공중전화인데, 그곳으로 전화를 걸면 해커들은 매트릭스 프로그램을 벗어나 현실세계로 돌아올 수 있다. 탱크가 의자에 앉은 네오의 뒤통수에 난 구멍에 날카로운 침을 꽂아 컴퓨터 프로그램 속으로 들어가게 만든다.

프로그램 안. 네오는 모피어스로부터 우주의 상황을 듣게 된다. 21세기 초에 개발된 인공지능은 기계들을 창조하게 되었지만, 기계들의 창조주로 만족하지 않고 인간의 통제를 벗어나 도리어 인간을 통제하려 들었다. 인공지능을 통제할 수 없게 된 인간은 기계들의 에너지원인 태양을 핵먼지로 가리기 위해 핵겨울을 일으켰으나 그 상황에도 적응한 기계들은 세상을 철저히 통제하면서 생체전기와 체열을 생성하는 인체 재배를 통해 에너지원인 생체전기 식량을 얻고 있다. 매트릭스는 인간을 재배하고 통제하기 위해 컴퓨터가 만들어낸 꿈의 세계다. '믿을 수 없다'며, 프로그램에서 내보내 달라고 소리치던 네오는 느브갓네살 호의 선실 침대에서 정신이 돌아온다. 모피어스는 '매트릭스가 건설될 때 그 속에서 모든 것을… 원하는 대로 바꿀 능력을 가진 사람이 태어났으며, 그는 최초로 우리를 (매트릭스에서) 해방시키고 진실을 가르쳐주었다. 그가 죽은 후 오라클은 매트릭스를 파괴시키고… 인류를 해방시킬 그 사람의 재림을 예언'했다면서, '우리가' 평생 찾아다닌 '그 사람'의 화신(化身)이 바로 네오라고 덧붙인다.

탱크가 네오에게 자신의 고향이자 기계에서 해방된 유일한 자유인들의 도시, 지구의 중심핵에 가까워 아직도 온기가 남아 있는 시온에 대해 들려주고, 이어 유술, 태권도 등의 무술 수련용 프로그램을 네오의 머리에 입력시킨다. 10시간에 걸친 다운로드 끝에 마치 '기계처럼' 무술의 고수가 된 네오는 대련 프로그램 안에서 모피어스와 맞붙는다.

모피어스는 네오가 어떤 세상에 살든 그 세상의 규칙들을 편리하게 바꾸거나 깰 능력이 있다'고 강조한다. 승무원들은 초고속 타격, 교묘한 피하기, 벽을 깨부수는 파괴력, 중력을 거부하는 도약 등이 현란하게 펼쳐지는 대련을 간절한 희망이 담긴 마음으로 지켜본다.

네오의 정신을 해방시키는 것이 목표라는 모피어스는 네오를 문 앞까지 데려다줄 수 있을 뿐이고 문을 통과하는 것은 본인 몫이라고 역설한다. 이어 초고층건물의 옥상에서 '도약시험'을 받는 네오. 모피어스는 시험에 성공하려면 두려움, 의심, 불신을 모두 버리고 마음을 자유롭게 하라고 말한 다음, 건너편의 초고층건물 옥상으로 건너뛰는 시범을 보여준다. 네오를 '그 사람'이라고 믿는 승무원들은 네오가 단번에 시험을 통과할지 모른다고 기대하지만 바닥으로 떨어져 고통스러워하며 현실세계로 돌아온다.

입속에서 피가 묻어나오자 '실제가 아니었는데'라며 의문을 표하는 네오에게 모피어스는 '정신이 그것을 현실로 만든 것'이라며 '정신이 없으면 몸은 살 수 없다'고 일러준다. 네오는 비록 프로그램 속의 세계는 가상이지만 정신 자체는 실제이고 몸에 영향을 준다는 사실, 즉 심지어 매트릭스는 실제가 아니더라도 그 속에서 죽을 수 있다는 사실을 알게 된다.

다른 프로그램을 통해서는 요원들이 매트릭스의 일부

이며, 순식간에 그 속의 누구로도 복제할 수 있기 때문에 아무리 좋아 보이는 사람도 적이 될 수 있다는 것을 깨닫는다. 모피어스는 네오에게 때가 되면 아직까지 아무에게도 패한 적이 없는 요원들과 싸워야 한다고 말해 준다.

　현실세계. '스퀴디'라고 불리는 센티넬들이 모피어스의 비행함정을 추격한다. 거미 같은 몸통에 문어처럼 긴 다리가 여러 개 달린 센티넬들은 인간이 소모하는 생체전기를 감지할 수 있고, 유일한 기능은 파괴다. 느브갓네살 호는 감지를 피하기 위해 전력공급경로를 오프라인으로 바꾼다. 시온 소속 비행함정이 센티넬들에게 저항할 수 있는 유일한 무기 EMP(electromagnetic pulse. 전자기 발사장치)는 사정권 안에서 전자기장을 사용하는 모든 물체를 무력화시키지만 재충전 시간이 오래 걸리기 때문에 사실상 공격 기회는 한 번뿐이다. 느브갓네살 호는 아슬아슬하게 센티넬들의 감지를 피한다.

　교환수 자리에 앉은 사이퍼가 네오에게 자기는 영상을 보는 것이 아니라 컴퓨터 암호를 읽고 매트릭스를 이해한다고 설명하고, 밀주를 대접하며 '무슨 생각을 하는지' 알고 있다면서 자기도 이곳에 온 이후로 내내 '왜 파란 알약을 먹지 않았는지' 후회하고 있다고 말한다. 네오가 자리를 뜨자 사이퍼는 몰래 매트릭스에 들어가 호화식당에서 가상 스테이크를 먹으며 스미스와 거래를 한다. 9년 동안 기계와 싸운 끝에 얻은 결론은 '무지가 행복'이란 깨달음이라며 모피어스를 넘겨주는 조건으로 매트릭스에 다시 꽂아주고 돈과 어느 정도의 명예도 보장해 달라는 것. 모피어스가 거래 조건이 된 것은 스미스가 파괴하려는 시온 접속 암호를 알고 있기 때문이다.

한편, 느브갓네살 호 승무원들은 춥고 협소한 식당에서 영양분은 많지만 맛이 형편없는 죽을 먹는다. 마우스는 네오에게 요원훈련 프로그램을 자신이 만들었다고 으스대며 매트릭스 안의 여성이 마음에 들면 좀더 은밀한 자리를 주선해 주겠다면서, 성적 충동을 무시하면 우리를 인간답게 만들어주는 바로 그것을 부정하는 행태라고 너스레를 떤다. 모피어스는 네오를 오라클에게 데려가겠다고 발표한다.

매트릭스 안. 모피어스, 트리니티, 사이퍼, 네오는 차를 타고 오라클을 만나러 가고, 스위치, 에이포크, 마우스는 접속장소에서 경계를 선다. 사이퍼는 요원들이 추적할 수 있도록 휴대전화기를 쓰레기통에 던진다. 네오는 새로운 눈으로 자신이 살았던 도시가 스쳐가는 광경을 본다.

일행이 오라클의 싸구려 아파트로 들어가자, 거실에는 염력을 발휘하는 어린 수행자들, 곧 미래의 '그 사람' 후보자들이 여럿 앉아 있다. 네오는 염력으로 숟가락을 구부리는 어린 수행자로부터 '숟가락을 구부리려 들지 말고… 숟가락이 없다는 진실만을 깨달으려 애쓰면, 구부러지는 것

은 숟가락이 아니라 자신이란 사실을 알게 될 것'이란 설법
을 듣고 따르자 숟가락이 구부러진다.

담배를 피우며 과자를 굽고, 사탕을 좋아하는 인자한
할머니의 모습인 오라클은 네오에게 '그 사람'이라고 생각
하는지 묻고, 거실 벽에 걸린 라틴어 목판을 가리키며 "너
자신을 알라"라는 뜻이라고 일러준다. 네오는 "나는 그 사
람이 아니다"고 대답한다. 오라클은 조만간 '자네'와 모피
어스 가운데 한 사람은 죽을 것이고, '자네를 그 사람'이라
고 굳게 믿는 모피어스는 '자네를 위해' 목숨이라도 바칠
텐데, 누가 죽을지는 '자네의 선택'에 달려 있다고 단언한다.

오라클의 집을 나와 접속장소에 도착한 일행이 전화기
로 향한다. 느브갓네살 호에 있는 탱크가 컴퓨터 화면에서
이상을 감지한다. 일행의 뒤를 따르던 네오는 검은고양이
한 마리가 마치 필름을 반복 재생하듯 계속 같은 위치에서
같은 모습으로 걸어가는 광경을 목격하고 네자뷔(deja vu.
既視感)라고 되뇐다. 그 말을 들은 트리니티와 모피어스는
매트릭스 안에서 돌연한 이상이 일어나고 있다는 표시라며
경계 강화에 돌입하지만, 이미 함정에 빠진 상태. 요원들이
들이닥쳐 마우스를 사살한다. 총소리를 들은 모피어스 일
행은 건물 벽 속의 배관통로에 숨어 탈출을 감행하지만, 먼
지 때문에 사이퍼가 기침을 하면서 발각된다. 총격전이 이
어지고 모피어스가 네오와 일행의 탈출을 돕기 위해 벽을

부수고 나가 스미스와 대결하지만 패하고 체포된다.

사이퍼는 일행을 따돌리고 느브갓네살 호로 먼저 돌아간다. 이어 접속장소로 찾아온 일행들 가운데 네오가 먼저 전화기를 들었지만, 아무 소리도 들리지 않는다. 신호를 보내는 순간, 사이퍼가 탱크와 도저를 처치한 것. 함정으로 휴대전화를 걸은 트리니티는 사이퍼의 목소리를 듣고 배신을 간파하지만, 사이퍼가 에이포크와 스위치의 플러그를 뽑아 살해하고 느브갓네살 호에 남겨진 그녀의 몸을 어루만져도 속수무책이다. 사이퍼는 모피어스에게 속았다며 네오가 '그 사람'이라면 기적이 일어나 트리니티와 네오의 목숨을 구해 줄 것이라고 비아냥대면서 네오의 플러그를 뽑겠다고 협박한다. 그 순간, 죽은 줄만 알았던 탱크가 나타나 사이퍼를 처치하고, 트리니티와 네오는 무사히 느브갓네살 호로 귀환한다.

스미스와 요원들은 모피어스를 어느 초고층건물의 방으로 데려가 몸에 전극을 연결하고 약을 주사해 시온의 메인 컴퓨터 접속 암호를 털어놓게 만들려 하지만, 모피어스는 완강하게 버틴다. 스미스의 입을 통해 처음으로 밝혀지는 매트릭스의 역사. 첫 번째 매트릭스는 누구도 고통받지 않고 행복을 느낄 수 있는 완벽한 인간 세상으로 계획되었다. 그러나 인간은 그 프로그램을 받아들이지 않고 모두 죽었다. 그러자 종(種)으로서의 인간은 행복에 안주하지 못하고 슬

품과 고통을 통해 현실을 정의한다고 믿은 기계들이 일부러 결함을 입력한 두 번째 매트릭스를 개발했다는 것이다. 요원들이 모피어스의 정신에 침투하기 위한 조치를 취한다.

느브갓네살 호. 요원들이 암호를 알아내 시온에 침투하면 끝장이라며, 탱크가 모피어스의 플러그를 뽑으려는 순간, 네오가 만류한다. '이런 일이 일어나고 내가 선택해야 할 때가 온다'는 오라클의 예언이 맞았다며, 모피어스를 데려올 수 있다고 믿기 때문에 매트릭스로 들어가 구출해 오겠다는 것. 트리니티가 도움이 필요할 것이라며 따라나선다.

매트릭스 안. 스미스는 기진맥진한 모피어스에게 인간이란 존재는 사실상 포유류가 아니란 사실을 깨달았다면서 지구상의 다른 포유류들은 본능적으로 주변 환경과 자연적인 균형을 이루지만, 세균처럼 자원이 고갈될 때까지 어떤 장소에서 계속 번식하다가 다른 곳으로 퍼져가는 것이 유일한 생존 방식인 인간은 질병이자 역병이고 지구의 암이라고 비아냥댄다.

네오와 트리니티가 중무장을 하고 있다. 모피어스가 암호를 털어놓지 않자, 두 요원을 내보낸 후에 색안경을 벗고 리시버를 뺀 스미스는 경멸스런 매트릭스를 벗어나고 싶다면서, 시온이 파괴되면 '내가' 이곳에 있을 필요가 없어진다며 암호를 털어놓든가 죽든가 선택하라고 다그친다.

모피어스가 갇힌 초고층 건물로 들어온 네오와 트리니

티가 경비원들과 총격전을 벌인다. 다급하게 심문실로 들어온 브라운과 존스 요원은 색안경과 리시버를 착용하지 않은 스미스의 모습에 놀란다. 스미스는 네오와 트리니티의 침투 사실을 모르고 있다.

승강기에 폭발물을 장치한 후에 그것을 추락시킨 네오와 트리니티는 철선을 타고 옥상으로 올라간다. 바닥에 떨어진 승강기가 폭발하면서 건물의 전력이 차단되고, 스프링클러가 작동하면서 요원들과 모피어스가 흠뻑 적는다.

네오와 트리니티는 경비원들과 총격전이 한창이다. 헬리콥터 조종사의 몸으로 들어간 요원 하나가 현란한 몸놀림으로 네오의 총탄을 모조리 피하고, 이어 네오도 총탄들을 피하지만 다리에 맞고 만다. 요원이 쓰러진 네오에게 다가와 방아쇠를 당기려는 순간, 트리니티가 사살하자 조종사의 모습이 된다.

탱크로부터 헬기 조종 프로그램을 내려받은 트리니티가 헬리콥터를 모피어스가 갇힌 방의 창밖에 댄다. 네오가 요원들에게 기관총을 퍼붓는 사이, 결박을 풀고 달려오던 모피어스가 다리에 총을 맞고 추락하자 네오가 몸을 던져 붙잡는다. 스미스가 두 사람을 매단 채 날아가는 헬리콥터의 연료탱크를 향해 권총을 발사한다.

네오와 모피어스는 건물 옥상으로 뛰어내리고, 이어 트리니티가 네오의 몸에 연결되었던 밧줄을 끊어 쥐고 탈출한다. 헬리콥터는 가까운 건물에 충돌하면서 엄청난 폭음과 화염을 내며 폭발한다. 네오가 줄에 매달려 있는 트리니티를 끌어올린다. 모피어스가 다가와 트리니티에게 '이젠 알겠느냐'고 묻는다. 네오가 오라클로부터 '그 사람'이 아니란 말을 들었다고 하자, '그녀는 자네가 꼭 들어야 할 말을 했을 뿐'이라며 조만간 '나처럼 길을 아는 것과 길을 걷는 것은 다르다는 사실을 깨닫게 될 것'이라고 덧붙인다.

출구가 필요하다는 모피어스의 말에 느브갓네살 호의 탱크가 세 사람을 음침한 지하철역의 공중전화로 인도한다. 전화벨이 울리고, 모피어스가 맨 먼저 현실세계로 돌아온다. 트리니티가 '오라클이 내게 말한 것은 하나만 빼고 모두 실현되었다'고 털어놓을 때, 전화벨이 울리고 지하철 노숙자의 몸으로 복제한 스미스가 나타나 총격을 가하지만 트리니티는 무사히 생환한다.

네오와 스미스가 맞붙어 싸운다. 스미스는 네오를 선로로 집어던지고 목을 조르며 '미스터 앤더슨'이라고 부르지만, 새로운 정체를 완전히 각성한 네오는 단호하게 '내 이름은 네오'라며 역으로 들어오던 열차와 충돌하기 직전에 스미스를 떨쳐내고 승강장으로 올라온다. 스미스는 열차에 충돌한다. 이어 열차가 쇳소리를 내며 멈추고, 스미스가 내리자 네오는 도주하기 시작한다.

현실세계. 센티넬들이 느브갓네살 호로 몰려오고 있다.

EMP는 충전되어 있지만 네오가 귀환할 때까지는 발사할 수 없다.

가상세계. 쫓기는 네오가 행인의 휴대전화를 빼앗아 탱크에게 '빨리 여기서 내보내달라'고 말하자, 트리니티가 처음 거처했던 호텔 방으로 인도한다. 세 명의 요원이 북적대는 행인들을 아랑곳하지 않고 총을 쏘며 네오를 쫓는다.

센티넬들이 느브갓네살 호의 선체를 뚫고 침투하기 시작한다. 모피어스는 네오가 생환할 수 있다고 믿는다. 전화벨이 울리는 호텔 방으로 들어선 네오는 기다리고 있던 스미스가 난사한 총에 맞고 쓰러진다. 요원이 네오의 죽음을 확인한다.

센티넬들이 느브갓네살 호의 조종실로 접근하고 있다. 트리니티가 숨이 끊어진 네오에게 오라클의 말을 들려준다. '내가 사랑에 빠지는 남자가 바로 그 사람'이고, '그러니까 당신은 죽을 수 없다'며 '사랑한다'면서 입을 맞춘다.

가상세계. 네오가 살아난다. 세 요원이 총을 난사하지만, 네오가 손을 내밀자 탄환들이 정지하고 하나를 잡아 바닥에 떨어뜨리자 나머지 탄환들도 우수수 떨어진다. 갑자기 주변의 모든 것이 초록색 컴퓨터 암호로 뒤덮인다. 네오가 마침내 매트릭스를 창조한 암호들을 볼 수 있게 된 것. 요원들은 이제 네오에게 아무런 힘도 쓸 수 없다. 스미스는 네오가 달려가 몸속으로 들어가자 눈부신 섬광과 함께 폭발하고, 다른 요원들은 도망친다.

센티넬들이 선체를 파괴하고 있다. 트리니티의 절박한 외침을 듣고 정신을 차린 네오가 전화기로 달려간다. 센티넬이 트리니티를 덮치려는 순간, 모피어스가 EMP를 발사한다. 잠시 후, 눈을 뜬 네오가 트리니티에게 입을 맞춘다.

매트릭스 안. 네오가 공중전화에 대고 누군가에게 '나'는 '당신'이 감추려고 하는 세상, 당신이 없는 세상, 규칙과 통제, 경계나 국경이 없는 세상, 무엇이든 가능한 세상을 사람들에게 보여줄 것이라고 말하고 전화를 끊는다. 부스 밖으로 나온 네오는 색안경을 끼고 하늘 높이 날아오른다.

〈매트릭스 2 리로디드 *The Matrix Reloaded*〉

자정. 트리니티가 모터사이클을 탄 채 허공에서 하강하다가 건물 경비실에 충돌하기 직전 뛰어내린다. 모터사이클이 엄청난 굉음을 내며 화염과 함께 폭발한다. 건물 경비원들을 맨손으로 처치한 트리니티가 창밖으로 뛰어내리자, 요원 하나도 몸을 날린다. 트리니티와 요원은 추락하면서도 서로에게 총을 난사한다. 트리니티가 가슴에 총을 맞는다. 무언가가 바닥에 떨어지는 소리가 들리는 순간, 네오가 악몽에서 깨어난다. 느브갓네살 호의 좁은 선실이다. 그의 품에서는 트리니티가 자고 있다.

느브갓네살 호의 신임 교환수 링크가 센티넬들의 움직임을 감시하고 있다. 모피어스는 링크에게 이 함정에서 교환수로 일하려면 '나를 믿어야 한다'고 말한다.

트리니티가 네오를 위로한다. 네오는 이제 자신이 '그 사람'인 것은 인정하지만, '무슨 일을 해야 할지 알았으면 좋겠다'고 말하자, 트리니티는 '오라클이 연락할 테니 걱정 말라'고 안심시킨다.

비행함정들을 지휘하는 함장들이 지하 벙커에서 모임을 갖고 있다. 로고스 호의 나이오비 함장이 상황을 보고한다. 기계들이 벌써 시온을 향해 시속 100미터로 굴을 파기 시작했고, 사흘 후면 시온 외곽에 당도할 것이며, 시온의 방어체계로는 기계들의 침입을 막을 수 없을 것이고, 시온의

사람 숫자와 같은 25만 개의 센티넬이 인류 최후의 보루를
공격할 것이란 사실이 밝혀진다. 나이오비가 시온으로 돌아
와 방어에 합류하라는 로크 사령관의 명령에 따르자고 함
장들의 의견을 모은다. 모피어스는 로크에게도 기계들의 침
공을 막을 묘안은 없을 것이라며 '우리의 투쟁이 끝나간다'
는 예언이 실현되려면 오라클의 자문을 구해야 한다면서
자기가 시온으로 가서 함정을 재충전하고 기계들보다 먼저
돌아올 테니 한 척은 남아 오라클의 연락을 기다려달라고
간청한다. 밸러드 함장이 그 요청을 받아들인다. 회의를 지
켜보던 네오가 이상한 낌새를 느끼고 자리를 뜬다.

차에서 내린 스미스가 벙커 경비병을 불러 네오에게 '선
물'을 전해 달라면서 '그가 내게 자유를 주었다'고 덧붙인다.
네오가 경비병에게 '누구냐'고 묻자, '누가 온 걸 어떻게 알
았느냐'며 봉투를 건넨다. 그 속에는 리시버가 들어 있다.
서둘러 경비원들을 피신시킨 네오가 세 요원들을 맞이 가
볍게 물리친 후, 하늘로 비상한다. 똑같이 생긴 두 명의 스
미스가 나타나 마주보며 모든 일이 계획대로 순조롭게 진
행되고 있다고 말한다. 네오가 오라클을 찾아가지만, 집에
는 아무도 없다.

느브갓네살 호가 시온으로 귀환한다. 시온은 지구의
중심핵과 가까운 곳에 뚫린 거대한 원통처럼 생긴 도시다.
원통의 중심을 떠받치는 기둥들은 방어 구역이고, 생활 구

역은 테두리를 돌아가면서 배치되어 있다. 미퓨네가 모피어스를 로크의 집무실로 데려간다.

모피어스와 로크의 관계가 심상치 않다고 느낀 네오는 트리니티로부터 나이오비가 한때는 모피어스의 연인이었으나 모피어스가 오라클의 예언을 믿게 된 이후부터 로크 사령관 쪽으로 기울었다는 사실을 알게 된다. 한 소년이 생명의 은인이라며 네오에게 반갑게 인사를 건네면서, 내년에는 느브갓네살 호 승무원이 되고 싶다고 말한다. 네오는 그를 메시아처럼 대하는 사람들에게 불편함을 느낀다.

모피어스와 로크 사령관은 시온의 방어대책을 놓고 충돌한다. 모든 함정의 복귀 명령을 어기고 한 척을 남겨놓은 이유를 해명하라는 로크의 요구에 모피어스는 해명할 일이 아닐 뿐더러 오라클과의 접촉 통로가 반드시 있어야 한다고 주장한다. 로크는 오라클이니 예언이니 구세주보다는 시온의 방어가 최우선이기 때문에 절대적 복종을 요구하는 반면, 모피어스는 시온을 구하는 유일한 방안이 네오라고 주장한다.

키드는 네오 일행에게 밤에 집회가 있을 것이며, 이렇게 많은 함정들이 집결한 것은 처음이라며 사람들이 겁을 먹고 있다고 말한다. 실제로 시온 주민들은 선과 악, 인간과 기계의 최후 결전인 아마겟돈이 임박했다고 두려워한다.

로크는 모피어스의 해임을 원로위원회에 건의하겠다

면서, 가능하면 다시는 함선을 타지 못하게 만들고 싶다고 힘주어 말한다. 사령관실로 들어온 시온 원로위원회 위원 하만이 전쟁이 임박했다는 소문이 퍼져 불안에 떠는 주민들에게 자초지종을 알려야 한다며 자문을 구한다. 로크는 공포를 조장해서는 안 된다며 구체적인 내막을 알려주지 않는 편이 좋다고 말한다. 반면, 모피어스는 진실을 털어놓더라도 주민들은 겁먹지 않을 것이고 기계군대가 결코 시온을 함락할 수 없다는 확고한 믿음을 심어줘야 한다면서, '우리가' 이전의 6년보다 지난 6개월간 더 많은 사람들을 해방시켰기 때문에 기계들이 최후의 발악을 하는 것이라며 곧 예언이 실현되고 전쟁이 끝날 것이라고 말한다.

네오는 느브갓네살 호가 재충전하는 동안 트리니티와 시간을 가질 수 있다는 사실에 기뻐하며 긴 입맞춤을 나눈다. 승강기의 문이 열리자 네오를 기다리던 많은 사람들이 마치 그리스도를 대하듯 한다. 트리티니는 그들의 청을 들어주고 위로하는 것이 네오가 할일이라면서, 네오를 남겨두고 그 자리를 떠난다.

링크는 아내이자 탱크와 도저의 누이동생인 제에게 간다. 제는 링크가 다른 함정 승무원들만큼 자주 집에 오지 않는다며 투덜대고, 모피어스가 미쳤다고 덧붙인다. 링크는 처남들처럼 '머잖아 전쟁이 끝난다'는 모피어스의 말을 믿는다면서, 게다가 네오의 능력을 똑똑히 보고 네오도 믿게 되었다고 안심시킨다.

시온의 거대한 동굴에서 집회가 열린다. 하만 위원의 소개로 연단에 오른 모피어스가 기계들이 이곳을 향해 몰려오고 있다고 밝히자, 주민들이 불안한 표정으로 웅성거린다. 그러나 지난 100년간 기계들이 인간의 도시를 파괴하기 위해 끝없이 도발했지만, 아직도 우리가 살아 있다는 사실은 기계들을 물리칠 수 있다는 증거이자 이 전쟁이 시온의 건재를 알릴 기회라는 모피어스의 연설이 끝나자 주민들은 우렁찬 함성과 함께 춤판을 벌인다.

한편, 트리니티와 사랑을 나누던 네오는 또다시 그녀가 고층건물에서 떨어지며 총탄에 맞는 환상을 보고 절망한다. 트리니티는 '절대 죽지 않겠다'고 안심시킨다. 시온이 잠에 빠진다.

매트릭스 안. 해커 베인과 말라키가 요원들의 추적을 피해 달아나다가 말라키는 전화를 받고 매트릭스를 벗어나지만, 베인은 갑자기 나타난 스미스가 가슴에 손을 찔러 넣자 수은 같은 액체에 뒤덮이면서 스미스로 복제된다. 그 순간 전화벨이 울리고 베인/스미스가 매트릭스를 빠져나온다.

악몽 끝에 잠이 깬 네오가 불안한 표정으로 평온하게 잠든 시온을 내려다보고 있다. 무언가가 잘못되었지만 어떻게 해야 할지 모르고 있는 것. 하만 위원이 네오에게 다가온다. 잠자는 시간이 아까워 잠을 자지 못한다는 하만은

'잠을 이룰 수 없다'는 네오의 말에 아직 인간이라는 좋은 조짐이라면서, '시온의 유지에 필수적이지만 문제가 생기지 않으면 아무도 내려가지 않는' 기관실로 안내한다.

지금 기계들이 시온을 위협하고 있지만, 시온과 주민들의 생명을 유지시켜 주는 것도 기계들이다. 다시 말해, 기계들은 인간을 살리기도 하고 죽이기도 하는 것. 그러나 하만의 말처럼 사람들은 세상에 문제가 생기지 않으면 그것이 어떻게 돌아가는지 알려고 하지도 않는다. 시온에서는 인간이 기계를 통제하지 기계가 인간을 통제하지 않는다고 네오가 대꾸하자, 하만은 통제가 무엇이냐고 되묻는다. 원한다면 기계들을 정지시킬 수 있다는 것이 통제라는 답변에, 하만은 그 통제로 기계들이 멈추면 지하세계에서 인간이 어떻게 살아갈 수 있느냐고 되묻고 기관실의 정수시설이 작동하는 원리는 몰라도 작동해야 하는 이유는 알고 있다면서 네오가 어떻게 그런 능력을 발휘하는지 모르지만 거기에도 합당한 이유가 있을 것이며, 너무 늦기 전에 사람들이 그 이유를 알게 되었으면 좋겠다고 덧붙인다.

밸러드 함장이 트리니티의 방을 찾아와 오라클로부터 네오에게 연락이 왔다고 알린다. 느브갓네살 호가 출항을 준비하고 있다.

링크는 오라클의 예언이 실현될 것이라고 확신하지 못하지만 느브갓네살 호에는 교환수가 필요하고 지금 그 교환수가 바로 '나'이기 때문에 떠나야 한다고 제를 설득한다. 제는 링크에게 행운의 목걸이를 건네고 반드시 생환하겠다는 다짐을 받아낸다.

밸러드의 함정을 타고 시온에 도착한 베인/스미스는 칼로 손바닥을 자해하다가 느브갓네살 호에 탑승하려는 네오에게 접근해 찌르려는 순간, 키드가 네오를 부른다. 베인/스미스가 재빨리 칼을 감추고 네오에게 '다시 만날 것'이라면서 행운을 빌어준다. 키드가 어떤 고아가 맡긴 선물이라며 숟가락을 건네자, 네오는 곧바로 그 의미를 알아차린다.

로크 사령관이 하만 위원을 찾아가 함정이 절대적으로 부족한 마당에 모피어스의 함정까지 출항시켰다고 불만을 표하자, 하만은 시온의 생존이 함정의 숫자에만 달려 있는 것이 아니라고 대꾸한다.

매트릭스로 들어간 네오는 중국인 거리를 지나 식당 같은 구조물의 문으로 들어간다. 네오를 기다리던 세러프가 정중히 맞이하더니 사과의 말과 함께 느닷없이 싸움을 건다. 대련이 끝나자 세러프는 오라클의 수호자로서 싸워봐야 '그 사람'인지 확인할 수 있다고 말하고는 네오를 데리고 문이 많은 회랑을 지나다가 문 하나를 열자 놀이터가 나온다. 오라클이 그곳 벤치에 앉아 까마귀들에게 모이를 주고 있다.

네오는 세러프와 오라클도 매트릭스의 프로그램이란 사실을 알게 되고, 오라클도 그것을 인정한다. 그렇다면 '당신을 어떻게 믿을 수 있겠느냐'는 네오의 물음에는 믿고 안 믿고는 '전적으로 네게 달린 문제'라고 대답한다. 다시 네오는 그녀가 이미 앞일을 알고 있다면 '내가 어떻게 선택할 수 있는 것'이냐고 묻자, 그가 온 이유는 선택하기 위해서가 아니라 이미 선택했으니 당장은 그 이유를 알기 위해 노력하는 길밖에 없다고 답하고, 그녀가 인간을 돕는 이유에 대해서는 각자 매트릭스 안에서 할일이 있기 때문에 네오를 만나게 된 것이며, 미래를 위해서는 힘을 합치는 길밖에 없다면서 비정상 프로그램들에 대해 좀더 설명해 준다.

그녀에 의하면, 매트릭스 안에 있는 것은 모두 각기 하나의 프로그램이며 자기가 해야 할 일을 하는 것들은 눈에 띄지 않지만, 특히 작동하지 않는 프로그램들, 프로그램들을 해킹하는 프로그램들에는 주목해야 한다. 반역하거나 고장나거나 대체에 저항하기 때문이다. 이처럼 제거 또는 대체에 직면한 프로그램은 몸을 숨기거나 근원, 즉 매트릭스의 메인프레임인 '그 사람'의 길이 끝나는 곳으로 돌아간다.

오라클은 네오가 꿈속에서 그 근원, 즉 빛으로 된 문을 보았을 것이라며 그곳으로 들어갔을 때 무슨 일이 있었는지 묻는다. 네오가 트리니티가 추락하는 악몽을 꾸다가 깬다고 대꾸하자, 그 악몽은 시간을 뛰어넘어 세상을 보는 예지력(豫知力)이 생긴 증거라고 대답한다. 네오가 왜 그 끔찍한 환상의 결말을 볼 수 없는지 묻자, 이해하지 못하는 선택 이후는 예지할 수 없다는 대답이 돌아온다. 헤어질 시간이 되자 오라클은 네오에게 근원에 도달하려면 악성 프로그램 메로빈지언에게 억류되어 있는 열쇠제작자가 필요한데, 만약 그를 만나지 못하면 시온은 멸망할 수밖에 없다고 단언한다.

오라클이 떠나자마자 스미스가 나타나면서 스미스, 네오, 오라클의 연관성이 암시된다. 스미스는 더 이상 체계에 속하지 않은 네오와 자신은 체계 안에 있는 비정상 프로그램들이라는 공통점을 지적하고, 자기가 죽인 네오가 되살아나 자기를 파괴하는 불가능한 일을 벌인 덕분에 새 사람이 되고 자유로워졌으나 결국 완전히 체계를 벗어나지 못했기 때문에 각자의 목적을 수행할 수밖에 없다며 네오에게 자기복제를 시도하지만 실패한다. 수많은 스미스를 상대로 싸우던 네오는 그곳을 벗어나 하늘 높이 날아오른다.

시온. 로크 사령관은 원로위원회에서의 연설을 통해 기계의 위협이 심각해졌음을 강조하고 모든 함정을 떠나지 못하게 해달라고 요구한다. 위원회는 그 의견을 묵살하고 느브갓네살 호를 찾기 위해 두 명의 지원자를 물색한다. 비질런트 호의 소런 함장이 먼저 지원한다. 베인/스미스가 말라키 함장에게 지원을 부추기지만 묵살된다. 이어 로고스 호의 나이오비 함장이 지원한다.

열쇠제작자를 찾기 위해 모피어스, 트리니티, 네오가

메로빈지언을 찾아간다. 매트릭스 안에 고급 식당을 소유하고 있는 그는 아내 페르세포네와 식사중이다. 네오 일행에게 왜 이곳에 왔는지, 왜 열쇠제작자가 필요한지도 모르고 그저 오라클의 지시를 따르고 있을 뿐이라고 비아냥거리던 그는 최음 효과를 일으키도록 암호화된 케이크를 다른 테이블의 요염한 여자에게 배달시키고는 그녀의 미묘한 성감(性感) 변화를 묘사하면서 우리 모두가 어느 정도는 우주의 법칙인 인과관계의 영원한 노예라고 말하고, 열쇠제작자를 내놓을 이유가 없다며 화장실에 간 여자를 뒤쫓아 간다. 하얀 정장에 하얗게 분칠한 레게 머리의 쌍둥이와 부하들이 네오, 트리니티, 모피어스를 승강기까지 배웅한다.

승강기를 타고 돌아가던 세 사람은 잠시 후 열린 승강기 앞에 서 있는 페르세포네를 보고 놀란다. 세 사람을 데리고 화장실로 들어간 그녀는 쌍둥이와 경비원들을 내보낸 다음, 한때는 '나'를 정말 사랑했던 남편이 이제는 완전히 변했다면서, 네오와 트리니티를 보고는 예전 같은 사랑을 다시 한 번 느끼고 싶었다며 네오에게 '나'를 트리니티로 생각하고 키스해 주면 열쇠제작자를 넘겨주겠다고 제안한다. 발끈한 트리니티가 총을 뽑자, 모피어스가 제지한다. 만약 약속을 어기면 죽여도 좋다고 말한 페르세포네는 네오의 건성 키스에 거래를 그만두자고 말한다. 사태의 심각성을 파악한 네오가 색안경을 벗고 열정적으로 키스하자, 만족한 페르세포네가 그들을 열쇠제작자에게 데려간다.

열쇠가 가득 진열된 좁은 방에서 열쇠를 만들고 있던 열쇠제작자는 '기다리고 있었다'며 그것을 꺼내 네오에게 건넨다. 방을 나서는 그들 앞에 메로빈지언과 경호원들이 나타난다. 페르세포네는 메로빈지언이 나무라자 원인이 있었으니 결과가 나올 수밖에 없다며 화장실에서 그 여자와 무슨 수작을 벌였는지 전부 알고 있다고 대꾸한다. 메로빈지언은 그것은 게임에 불과하다고 부인하고, 열쇠제작자를 잡으라고 명령한다. 쌍둥이가 유령처럼 바닥으로 사라지더니 반대쪽에서 솟구친다. 열쇠제작자가 달아나자 모피어스와 트리니티가 도우러 달려간다. 네오는 그곳에 남아 경호원들을 물리친다. 메로빈지언이 '너도 네 선배들처럼 나를 없앨 수 없다'는 말을 남기고 달아난다. 네오가 뒤쫓아 달려가 문을 열어보니 산꼭대기다.

쌍둥이가 주차장까지 모피어스 일행을 쫓아온다. 트리니티가 운전하는 차에 일행이 타자 추격전은 시가로 이어진다. 주차장에 당도한 네오가 쌍둥이를 보고 달려가자 문을 닫는다. 그 문을 박차고 나가니 높은 산꼭대기다. 링크로부터 트리니티 일행의 위험을 전해들은 네오가 하늘로 솟구쳐 오른다.

거리에서는 열쇠제작자를 보호하려는 모피어스와 트리니티를 쌍둥이가 기관총을 난사하며 추적하는 장면이 이

어지고, 경찰차들과 요원들도 추격전에 합류한다. 느브갓네
살 호에서 링크가 그들을 고속도로로 인도한다.

추격전이 진행되는 동안 수많은 차량들이 충돌한다.
쌍둥이들도 원하는 차량으로 계속 이동한다. 링크는 모피
어스의 위치를 알기 위해 전화한 나이오비에게 모피어스가
위험에 빠져 있다고 알려준다. 트리니티와 모피어스가 갈라
진다. 쌍둥이가 탄 차는 모피어스가 칼로 동강내고 총을 난
사하자 폭발한다.

열쇠제작자와 함께 모터사이클들을 실은 트레일러 트
럭으로 뛰어내린 트리니티가 모터사이클에 열쇠제작자를
태우고 달리다가 추격을 따돌리기 위해 역주행한다. 잠시
후 질주하는 트레일러 트럭 위에 서 있던 모피어스가 열쇠
제작자를 트리니티의 모터사이클로부터 트럭 위로 끌어올
린다. 트레일러 위에 나타나 모피어스와 싸우던 요원이 차
위로 떨어진다.

모피어스가 열쇠제작자와 함께 트레일러 트럭 위에 서
있다. 반대방향으로 달리는 트레일러 트럭 운전기사의 몸을
차지한 요원이 다른 요원이 운전하는 트레일러 트럭을 향
해 돌진한다. 모피어스는 마음속으로 네오에게 도움을 청
한다. 두 대의 트레일러 트럭이 충돌하면서 두 사람이 공중
으로 떠오른 순간 네오가 날아와 낚아채더니 공중으로 솟
구친다. 느브갓네살 호에서 모니터를 통해 그 광경을 지켜

보던 링크가 환호한다.

시온에서는 센티넬들이 끊임없이 지구 중심을 향해 굴을 파고 있다.

열쇠제작자는 소런과 나이오비를 비롯한 네오 일행에게 어느 초고층건물에 있는 하나의 문이 근원으로 이어진다고 알려준다. 그 문에 접근하려면 폭탄과 연결된 경보장치를 해제해야 하는데, 발전소를 파괴시켜 전력공급 장치와 비상발전 장치를 못 쓰게 만들면 경보장치도 무용지물이 된다. 그 경우에도 문에 접근할 시간은 314초뿐이고, 그 문은 '그 사람'만 열 수 있다. 그들은 경비 교대시간인 자정에 두 건물들을 공격하기로 결정한다. 모피어스는 '오늘' 오라클의 예언이 실현되고 평생 끌어온 싸움을 끝낼 수 있다면서, 각자에게 의미 있는 날이 될 것이라고 단언한다. 트리니티는 네오가 동행을 만류하자, 물러난다.

그들이 두 건물들을 공격하는 동안 센티넬들이 소런의 비행함정을 무력화시키고, 승무원들을 몰살시킨다.

발전소가 폭파되고, 비상전력 공급체계가 작동한다. 링크와 네오의 연락이 끊긴다. 마지막 대안은 트리니티가 매트릭스 안으로 들어가는 것뿐. 그렇지 않으면 유일한 기회를 놓치고 말 것이다. 그녀에게 주어진 시간은 5분. 링크의 안내로 열쇠제작자가 일러준 초고층건물에 도착한 트리니티는 모터사이클에서 뛰어내리며 경비원들을 처치한다.

　한편, 모피어스와 네오가 열쇠제작자를 따라 양쪽에 많은 문이 나 있는 하얀 복도를 지나 마지막 모퉁이를 돌자, 스미스와 수많은 복제 스미스가 문들에서 몰려나와 싸움이 벌어진다. 모피어스는 스미스들이 찔러 넣은 손에 흡수되어 복제되기 직전 네오에게 구출된다. 열쇠제작자는 방으로 몸을 숨긴다.

　트리니티가 비상전력 공급체계의 백업프로그램에 침투해 네트워크를 하나하나 무력화시킨다. 비상전력 공급체계가 꺼지는 순간, 열쇠제작자가 몰래 문을 여는 소리에 싸우던 사람들이 모두 움직임을 멈추고 돌아본다. 네오가 모피어스를 잡고 수많은 스미스 사이를 날아 문으로 뛰어들자 열쇠제작자가 문을 닫는다. 스미스들이 총을 난사하고, 열쇠제작자가 맞아 쓰러뜨린다. 목표를 달성한 열쇠제작자는 숨을 거두며 목에 걸고 있던 열쇠를 건넨다. 네오가 열쇠를 문에 꽂자 눈부신 빛이 그를 감싼다.

　벽에 온통 네오의 모습이 보이는 수많은 모니터가 가득한 방에 서 있는 네오. 그곳에 있던 매트릭스의 창조자인 건축가가 '기다리고 있었다'며 매트릭스의 진화과정을 들려준다. 최초의 완벽한 매트릭스는 그가 인간 정신의 연약함과 결함을 이해하지 못했기 때문에 실패했다. 네오는 매트릭스에서 없애지 못한 우발적 변종이며, 인간의 본성을 좀더 잘 알게 되면서 두 번째 매트릭스를 창조했으나 믿지 않는 사람들이 생겨나자 그들이 모여 살 수 있는 장소로 시온을 남겨두었다. 일단 매트릭스 체계의 불안정성이 제어되면, 그 반역자들을 정기적으로 손쉽게 파괴하기 위한 조치였던 것이다.

네오는 이 같은 성장과 멸종의 여섯 번째 주기를 대표한다. 이전의 '네오'들 가운데 하나가 메로빈지언이었지만, 네오는 그것들과는 전혀 다르게 만들어졌다. 효율성이 강화된 기계들은 이번에는 매트릭스 안에 있는 사람들의 직접적인 경험과 지식을 지닌 '구세주'를 만들어냈다. 기계들의 생각은 그의 사랑 능력을 교묘하게 조종해서 그가 효율적으로 전 인류의 멸종을 선택토록 하자는 것이었다. 건축가는 자신이 매트릭스의 아버지라면, 인간의 심성이 지닌 양상들을 연구하기 위해 창조된 직관적 프로그램이 매트릭스의 어머니라고 말한다.

네오는 그 매트릭스의 어머니가 오라클이라고 직감한다. 건축가는 매트릭스를 믿지 않는 극소수 인간들을 통제하지 못하면 파멸이 일어날 것이며, '그 사람'이 해야 할 일은 근원으로 돌아가 매트릭스로부터 여자 16명과 남자 7명을 뽑아 시온을 재건하는 것이라면서 그 일을 완수하지 못하면 시스템 충돌이 생겨 시온의 종말과 함께 인류가 멸종할 수밖에 없다고 덧붙인다.

건축가가 제시하는 두 가지 선택은 네오의 환상에서

나타난 트리니티의 추락을 설명해 준다. 네오가 오른쪽 문으로 들어가면, 트리니티는 죽지만 인류는 다시 한 주기 동안 종을 유지할 수 있게 된다. 시온은 처음부터 재건되고, 그 프로그램은 이전에 허용될 수 있었던 수준 정도로 불안정하게 반복될 것이다. 그리고 왼쪽 문으로 들어가면, 트리니티는 구할 수 있으나 인류의 영원한 멸종으로 이어질 수 있다. 네오는 트리니티를 선택한다.

트리니티에게 네오가 환상들을 통해 보았던 일이 일어난다. 비상전력 공급체계를 무력화시킨 뒤 도망치던 그녀는 한 요원과 마주쳐 싸우다가 유리를 깨고 건물 밖으로 뛰어내린다. 총탄과 유리 파편이 우박처럼 쏟아지는 가운데 그들은 총격을 교환한다. 네오가 화염에 싸인 도시를 뒤로 하고 트리니티를 구하기 위해 빠른 속도로 하늘을 날고 있다. 차량들과 거리가 회오리처럼 피어오르는 화염에 휩싸인다. 요원의 총에 맞은 트리니티가 자동차 위에 떨어지기 직전 네오가 낚아채 근처 건물의 꼭대기로 옮겨놓고 그녀의 몸에 손을 넣어 탄환을 꺼내도 소생하지 않자 다시 심장을 주물러 살려낸다. 느브갓네살 호에서는 모피어스와 링크가 이 광경을 모니터로 지켜보고 있다.

느브갓네살 호로 돌아온 네오는 오라클과 그녀의 예언들은 그 프로그램에 의도적으로 삽입된 것이며, '그 사람'에게 이미 정해진 길을 따르도록 만들려는 또 다른 통제체계일 뿐이라고 말한다. 모피어스는 오라클의 예언대로 '그 사람'이 근원에 도달하면 전쟁이 끝나야 한다고 믿고 있었지만, 아직 전쟁이 끝나지 않았다는 사실은 부인하지 못한다. 네오는 오늘 대책을 마련하지 않으면 시온이 파괴되기 때문에 어쨌든 24시간 이내에 전쟁이 끝날 것이라고 말한다.

센티넬들이 나타나지만 EMP의 사정권 밖이다. 네오는 센티넬들의 폭탄 장치를 직감하고, 승무원들을 탈출시킨다. 모피어스는 느브갓네살 호의 폭발 장면을 침울하고 당혹스러운 마음으로 지켜보고 있다. 이어 센티넬들이 공격하지만 이제 그들의 존재감을 느낄 수 있게 된 네오는 도주를 멈추고 손을 들어 그들을 처치하고는 탈진한다.

해머 호가 내려와 느브갓네살 호 승무원들을 태운다. 로크는 함정 여섯 척을 보내 기계들을 공격하도록 조치했으나 해머 호 승무원들에 따르면, 누군가가 제대로 충전되지 않은 EMP를 발사하는 바람에 함정 다섯 척이 흔적도 없이 파괴되었다.

해머 호의 의무실. 유일한 생존자 베인/스미스가 혼수상태로 네오와 머리를 맞대고 누워 있다. 의무요원 매기와 트리니티가 네오와 베인/스미스를 돌보고 있다.

⟨매트릭스 3 레볼루션 *The Matrix Revolutions*⟩

해머 호가 실종된 로고스 호와 접선을 시도한다. 의무실에서 트리니티가 네오의 침대 곁에 앉아 있다. 매기가 트리니티에게 베인의 생존을 둘러싼 의심스러운 정황과 롤런드 함장의 심문 계획을 전해 준다.

모피어스가 매트릭스에 들어가 네오를 찾아달라고 부탁하자 롤런드는 매트릭스에 접속되지 않은 채 의무실에 누워 있는 네오를 찾아달라는 말을 이해할 수 없다. 매기는 베인에게서 접속 상태의 생체신호가 나타나는 상황을 이해하지 못한다. 롤런드는 아무것도 발견하지 못하지만, 네오가 더 이상 매트릭스와 연결될 필요가 없다는 모피어스의 생각이 옳다는 것이 밝혀진다.

시온 주민들은 20시간 정도 지나면 센티넬들이 도시의 원형제붕에 구멍을 뚫게 될 것이라고 믿는다. 오라클의 명령을 받은 세러프가 모피어스를 데리러 해머 호를 방문한다. 트리니티가 동행한다.

제정신이 돌아온 네오는 어떻게 된 영문인지 모르지만 온통 하얗게 칠해진 기차역에 쓰러져 있다. 그를 내려다보던 인도 소녀 사티가 트레인맨이 곧 도착해 자기를 데려갈 것이라고 말한다.

한편, 세러프와 동행한 모피어스와 트리니티가 오라클을 만난다. 네오를 위해 모종의 조치를 취했다가 데이터가 손상되어 모습이 변한 그녀에 의하면, 네오는 매트릭스와 현실세계를 오가면서 프로그램들을 밀매하는 메로빈지언의 부하 트레인맨이 관할하는 이 세상과 기계세상 사이에 존재하는 어떤 장소에 갇혀 있으며, 시온을 지키려면 그들이 트레인맨보다 먼저 네오를 찾아내야 한다. 오라클은 메로빈지언이 그의 목에 현상금을 걸었으니 조심하라는 말도 곁들인다. 안내는 세러프가 맡을 것이다.

기차역. 네오는 메로빈지언의 식당에서 만난 적이 있는 사티의 아버지 라마-칸드라와 이야기를 나눈다. 라마-칸드라의 가족은 모두 매트릭스에 속한 프로그램들이다. 기계세상에서 인간세상으로 무언가를 가져가려면 메로빈지언을 거쳐야 하는데, 라마-칸드라는 사티가 아름다움 이외에는 쓸모가 없기 때문에 삭제되리란 것을 알고 트레인맨과의 거래를 통해 매트릭스에서 빼내기로 했던 것이다. 프로그램들이 사랑이나 자기희생 같은 인간 정서를 느낄 수 있다는 사실을 쉽게 이해하지 못하는 네오에게 라마-칸드라는 사랑이란 그저 낱말에 불과하며, 중요한 것은 그 낱말이 암시하는 연관성과 그 연관성을 토대로 이뤄질 행동이라고 말한다.

세러프, 모피어스, 트리니티가 지하철 열차 안에서 트레인맨을 만나 도움을 청하지만 그는 거부하고 달아난다.

네오와 사티 가족이 기다리고 있는 역으로 트레인맨의

열차가 도착한다. 트레인맨은 사티의 짐을 들고 열차에 타려던 네오를 저지하며 이곳을 떠나려면 메로빈지언의 허락이 떨어져야 한다면서 주먹을 날려 때려눕히고 '여기선 내가 신'이란 말을 남긴 채 떠나간다. 네오는 선로로 뛰어내려 기차를 뒤쫓지만 잠시 후 제자리로 돌아온다.

세러프는 오라클에게 돌아가 대책을 강구하자고 제안하지만, 트리니티는 메로빈지언과 직접 협상하자고 주장한다. 세러프, 모피어스, 트리니티는 메로빈지언의 S&M 클럽 "헬(Hell)"를 찾아가 입구와 무기 보관소의 경비원들을 모조리 처치하고 클럽 한가운데로 들어간다. 메로빈지언은 거래를 제안한 모피어스에게 오라클의 눈을 가져오면 네오를 살려주겠다고 답한다. 트리니티가 메로빈지언에게 권총을 겨누자, 그의 경호원들도 총을 뽑지만 방아쇠를 당기지는 못한다. 트리니티는 네오를 돌려주든지, '당장 여기서' 모두가 죽든지 양단간에 하나를 선택하라고 다그친다. 페르세포네가 '사랑에 빠진' 그녀의 위협은 빈말이 아니라고 충고하자, 메로빈지언은 '사랑과 광기의 형태는 놀랄 만큼 닮았다'며 물러선다.

한편, 기차역에 홀로 남아 도피 수단을 궁리하던 네오는 세 가닥의 굵은 전선이 뱀처럼 구불구불 뻗어나가는 환상을 보지만, 무슨 뜻인지 알 수가 없다. 그때 역으로 기차가 들어오고 트리니티가 내린다. 두 사람은 포옹하고 입을 맞춘다. 네오는 '나의 마지막 기회'라며 오라클을 만나야 한다면서, 모피어스, 세러프, 트리니티와 함께 오라클의 집을 찾는다.

오라클은 사티와 과자를 굽고 있다. 모습이 변한 오라클을 새로운 관점에서 보게 된 네오가 '이젠 좀더 알 때가 되었다'며 이런저런 질문을 던진다. 오라클은 '전쟁이 끝날 것인지' 묻는 네오에게 '곧 이 세계를 끝장낼 힘을 갖추고 모든 것을 파괴할' 스미스를 막을 사람은 네오뿐이라며, 스미스는 '너'이고 '너의 반대이자 부정'이라면서 어쨌든 전쟁은 끝날 것이고, '두 세계의 운명'은 그들의 손에 달려 있다고 답한다.

해머 호의 의무실에서 베인/스미스의 정신이 돌아온다. 네오가 깨어난다.

오라클의 아파트 건물에 스미스와 수많은 복제 스미스들이 도착한다. 세러프가 사티를 피신시키려 하지만 스미스에게 붙들려 복제된다. 오라클은 아무렇지도 않게 부엌식탁에 앉아 담배를 피우며 스미스를 기다리고 있다. 스미스는 그녀가 앞일을 어느 정도나 알고 있는지, 그가 찾아올 것을 알았다면 왜 도주하지 않았는지 궁금하지만 오라클이 의도했던 대로 행하라고 말하자, 자기로 복제한다.

해머 호의 의무실. 승무원들이 베인/스미스를 심문한다. 베인/스미스는 손의 상처들이 자해인 점에는 동의하면서도 사건에 대해서는 전혀 생각나지 않는다고 주장한다. 그의 뇌에서 비정상적인 징후들이 발견되었다고 보고하는 매기에게 롤런드는 무슨 수를 쓰든 기억을 되살리라고 지시한다.

네오는 방에서 다시 세 가닥의 굵은 전선의 환상을 보게 된다. 해머 호가 약간 손상된 로고스 호를 찾아내지만, 생존자의 존재를 알리는 생체신호는 감지되지 않는다. 로고스 호를 수색하던 모피어스와 승무원들 앞에 나이오비가 나타나 센티넬들에게 들키기 직전 오라클로부터 네오의 구출 소식을 들었노라고 말한다.

시온 원로위원회 회의실. 로크 사령관은 기계들이 12시간 이내에 시온의 외벽에 당도할 것이고, 일단 도시로 들어오면 우리의 생존 확률은 희박해지기 때문에 선착장에서 기계들을 물리치거나 실패할 경우에 그것들을 병목인 사원 입구로 몰며 방어력을 집중시킬 수 있다면서 생각 같아서는 누구든 총을 들려 선착장으로 내보내고 싶다고 보고한다. 하만 위원이 느브갓네살 호의 소식을 물으며 희망을 갖자고 제안하자, 로크는 희망 따위의 사치에 쓸 시간은 없다고 답한다.

주민들 가운데 여성과 노약자들의 소개(疏開)가 시작되지만, 제는 올케 카스의 피신 재촉에도 아랑곳없이 링크를 다시 만나기 위해 싸우겠다며 아파트에 남아 포탄을 만든다. 선착장 방어책임자 미퓨네는 지원병 키드를 어리다며 핀잔을 주다가 '기계들은 사람을 죽일 때 나이를 가리지 않는다'는 말을 듣고 받아들인다.

로고스 호의 승무원들이 충전과 점검을 진행하는 동안 해머 호와 로고스 호의 교환수들은 매트릭스의 암호화 체계에서 수상한 정황을 포착한다. 롤런드, 나이오비, 모피어스 함장은 시온의 방어를 돕기 위해 귀환 방도를 강구한다. 롤런드는 기계들의 침투 지점에서 대기하다가 EMP로 기습하겠다고 제안하지만, 나이오비는 거의 사용된 적이 없는 좁은 보조항로로 비행하자고 제안한다. 롤런드가 그곳을 비행할 자신이 없다고 말하는 순간, 네오가 들어와 '내가 무슨 일을 해야 할지 알았다'며 기계도시로 가겠으니 함정 한 척을 내달라고 요구한다. 롤런드가 누구도 100년간 기계도시 100킬로미터 이내에 근접한 적이 없었다며 우리들 함정은 내줄 수 없다고 단호히 반대한다. 나이오비가 '내 함정을 가져가라'며 해머 호는 '내가 조종하겠다'면서 의아스러워하는 모피어스에게는 '그 사람'의 존재를 믿기보다 네오를 믿기 때문이라고 답한다.

해머 호의 의무실. 서서히 기억이 돌아오는 척하던 베인/스미스는 매기가 안정제를 놓으려 하자, EMP로 함정들을 파괴하고 승무원들을 처치했다고 실토하면서 매기를 살해한다.

더플백을 들고 네오의 방을 찾은 트리니티는 기계도시

에서 돌아오지 못할 수 있다는 말에도 아랑곳없이 동행하겠다고 고집한다. 네오와 트리니티는 모피어스, 링크와 작별인사를 나눈다.

해머 호가 출발한다. 이어 로고스 호가 출발하려는 순간에 전력이 끊기자, 트리니티가 해치를 열고 기관실로 내려가 퓨즈를 살필 때 베인이 덮친다. 트리니티가 베인을 떨쳐내고 인터콤으로 베인의 잠입을 알린다.

매기의 시신을 발견한 해머 호에서는 베인을 범인으로 지목하고, 롤런드는 그가 로고스 호에 잠입했다는 것을 직감한다. 로고스 호로 돌아가 도와주자는 의견이 제시되지만, 베인이 네오와 트리니티를 죽이고 EMP를 차지했을지 모른다는 우려 때문에 묵살된다.

네오가 조종실에서 나오자, 베인이 트리니티의 목에 칼을 들이대고 총을 내려놓으라고 지시한다. '쏘아버리지 않으면 둘 다 죽는다'는 트리니티의 만류에도 불구하고 네오가 총을 내려놓자, 베인은 트리니티를 해치 아래로 밀어 떨어트리고 총을 집는다. 네오는 스미스가 베인의 몸을 차지했다는 사실을 깨닫는다.

베인/스미스가 네오를 향해 총을 쏘려는 순간, 트리니티가 조명을 꺼버리자 어둠 속에서 격렬한 싸움이 벌어지고, 이어 베인/스미스가 휘두른 전선에 두 눈이 찔려 앞을 보지 못하는 네오를 베인/스미스는 '눈먼 구세주'라고 놀리면서 쇠지레를 휘두르지만 네오는 쉽게 피한다. 네오의 눈에는 여전히 기계들과 프로그램들이 보이는 것. 마침내 네오는 '아직 끝나지 않았다'고 발악하는 베인/스미스를 처치하고, 트리니티를 구출한다. 눈먼 네오 대신 트리니티가 조종간을 잡는다.

시온의 선착장에서는 전투준비가 한창이다. 이제 20여 분 후면 선착장의 지붕이 뚫릴 것이다. 키드는 부지런히 손수레에 탄약을 실어다 APU들에 장전한다. 대원들이 각자의 APU에 몸을 고정하자 미퓨네는 독려 연설을 한다. 제는 카라와 함께 행동하기로 약속한다.

나이오비가 조종하는 해머 호가 조용히 시온으로 접근하다가 돌출한 잔해에 부딪히면서 센티넬들에게 발각되자 좁은 통로를 전속력으로 비행한다.

굴착기가 시온의 선착장 원형제붕을 뚫자 수많은 센티넬들이 몰려들어오고, APU들은 일제히 불을 뿜는다. 제와 카라는 로켓 발사기를 들고 전투에 참가한다. 선착장에서는 치열한 공방전이 벌어진다.

나이오비는 새까맣게 몰려오는 센티넬들을 헤치며 시온으로 돌진한다.

제와 카라가 좀더 높은 곳으로 올라가 또 다른 굴착기를 파괴하려고 발사한 포탄에 센티넬이 추락한다. 센티넬들에게 쫓기던 카라는 센티넬의 촉수에 찔려 목숨을 잃지만,

제는 간신히 몸을 피한다.

사령부 레이더에 나타난 수상한 비행물체가 해머 호라는 것이 확인되자 선착장 게이트를 열려고 하지만 시스템이 고장 난 상태다. 로크는 3번 게이트 근처의 APU와 교신한다. 한편, 새까맣게 몰려오는 센티넬들과 싸우던 미퓨네가 전사하면서 키드에게 '해머 호가 온다'며 빨리 선착장 게이트를 열라고 명령한다. 미퓨네의 APU에 올라탄 키드는 제를 만나 함께 센티넬들을 물리치고 게이트를 연다.

해머 호가 반쯤 열린 게이트로 들어와 도시의 방어벽에 충돌하면서 멈추자, 모피어스의 명령에 따라 EMP가 발사되고 수많은 센티넬들이 떨어진다. 함정에서 내린 승무원들은 주민들의 열렬한 환영을 받고, 링크와 제는 재회한다.

로크는 EMP의 전자기파로 인해 시온의 하드웨어가 모조리 고장 났기 때문에 센티넬들이 다시 공격하면 방어할 방법이 없다고 분통을 터뜨리며 갱도를 폭파시켜 두어 시간 동안 센티넬들을 봉쇄한다.

나이오비, 모피어스, 롤런드가 위원회에 출두한다. 나이오비는 네오와 트리니티가 로고스 호를 몰고 기계도시로 떠났다고 보고한다. 모피어스는 네오와 트리니티에게 회의적인 롤런드와 위원회를 상대로 네오가 우리를 구할지는 장담할 수 없더라도 목숨이 붙어 있는 한 포기하지 않을 인물이고 우리도 포기하면 안 된다고 역설한다.

로고스 호. 트리니티와 네오가 기계들의 연료인 인간 배양장 위를 날아 기계도시로 접근한다. 눈은 멀었으나 제2의 시력을 갖게 된 네오는 트리니티에게 환상 속에서 여러 번 보았던 세 가닥의 거대한 전선을 따라가라고 말한다.

시온. 로크는 도시의 성벽이 곧 뚫릴 것이라면서 입구를 봉쇄했으니 얼마간은 견디겠지만 그 이후는 '저로서도 어쩔 수 없다'고 보고한다. 이어 원로위원 한 사람이 생존 확률에 대해 묻자, '기적을 믿는' 모피어스에게나 물어보라고 대꾸한다.

네오와 트리니티가 기계도시로 접근하자, 방어체계가 작동하며 포격이 개시된다. 이어 수많은 센티넬들이 몰려오자 염력으로 대처하던 네오는 지치고 유일한 도피 방법은 하늘 높이 치솟는 것뿐이다. 고도를 급상승시키자 센티넬들이 로고스 호에서 떨어져나간다. 잠시 핵구름 위에서 빛나는 태양을 보고 넋이 나갔던 트리니티는 다시 어둠 속으로 내려와 도시의 배후에 위치한 탑의 심장부로 날아가 충돌한다.

잠시 후 정신을 차린 네오가 트리니티를 부르며 목소리가 들리는 곳으로 기어가 손을 잡고 '사방에 빛이 가득하다'고 말한다. 트리니티는 온 몸에 파이프들이 꽂힌 채로 네오의 품에 안겨 '나'는 할 일을 마쳤으니 '나머지는 당신이 하라'고 당부하며 숨을 거둔다.

제1방어선이 무너진 시온에서는 사원 앞에 제2방어선을 구축하고 있다. 거대한 굴착기가 원형지붕을 뚫고 떨어진다. 주민들이 초조한 모습으로 사원에 모여 있다. 링크가 '도와줄 거면 빨리 도와달라'고 네오에게 기도한다.

기계도시. 네오가 사방에서 움직이는 거미처럼 생긴 작은 기계들을 헤치고 끝에 있는 돌출부에 당도한다. 수많은 기계 벌레들이 날아올라 거대한 얼굴을 이루는데, '기계에서 내려온 신'이다. 네오는 할 말만 하겠다면서 스미스 프로그램이 '당신의 통제'를 벗어났으며, 곧 매트릭스와 이곳을 장악할 텐데 '당신은 그를 막을 수 없지만 나는 할 수 있다'고 말한다. 얼굴이 화를 내며 '무엇을 원하느냐'고 묻자, 네오가 '평화'라고 답하는 순간, 로봇 벌레들이 잠잠해지는 동시에 시온의 사원 입구를 공격하던 센티넬들도 갑자기 조용히 공중을 맴돈다. 바닥에서 올라온 선들에 의해 들려진 네오가 매트릭스에 접속된다. 모피어스와 니이오비는 센티넬들이 공격을 멈추자, 네오가 싸우고 있다고 직감한다.

매트릭스 안. 양쪽으로 수많은 스미스들이 도열한 거리에서 스미스와 네오가 최후의 대결을 펼친다. 비가 억수로 퍼붓는 가운데 시작된 싸움은 공중, 텅 빈 창고에서 이어진다. 그들이 충돌하는 충격으로 온 도시의 유리창이 산산조각 난다. 스미스가 네오에게 쓰러질 때마다 포기하지 않고 다시 일어나는 이유가 '자유, 진리, 평화, 사랑' 때문이냐며 모두 환상에 불과하다면서 '너는 나를 이길 수 없다'고 주장하자, 네오는 '일어나기로 선택했기 때문에 일어나는 것'이라고 대답한다. "시작이 있는 것은 모두 끝이 있다"는 말을 통해 오라클마저 스미스에게 복제되었다는 것이 암시된다. 네오는 아무 저항도 없이 스미스가 자기를 복제하도록 내버려둔다. 이때 '기계에서 내려온 신'이 네오의 임무와 진심을 깨닫고 몸에 전류를 흐르게 하자 네오가 섬광 속에서 스미스의 몸을 깨고 나온다.

네오가 승리한 이유는 분명히 제시되지 않지만, 로크와 하만 위원처럼 네오의 소명을 이해하지 못하는 사람들도 있고, 모피어스, 나이오비, 링크, 키드처럼 네오가 사명을 완수해 전쟁이 끝났다고 직감하는 사람들도 있다. 승리의 이유야 어떻든 네오는 분명히 스미스를 제거하고 매트릭스를 이전 상태로 되돌려놓았다. 스미스가 쓰러져 있던 흙탕물 속에는 오라클이 누워 있다. 네오와 싸운 스미스는 오라클의 몸을 차지한 복제물이었던 것. 탈진한 네오가 기계도시의 폐허 속에 누워 있다.

센티넬들이 갑자기 시온에서 철수하자, 키드가 도시에 반가운 소식을 전하고 주민들은 환호한다. 링크와 제, 나이오비와 모피어스가 서로 껴안는다.

근원으로 끌려들어가는 것이 네오의 마지막 모습인데,

생사에 관해서는 아무런 암시가 없다. 사티가 검은 고양이의 데자뷔를 체험한다. 아름다운 초원에서 오라클을 만난 건축가가 "이 평화가 얼마나 지속될 것 같으냐"고 묻자, 오라클은 "가능한 한 오랫동안"이라고 답한다.

세러프와 사티가 당도한다. 사티와 오라클은 사티가 네오를 위해 만든 찬란한 석양을 바라본다. 오라클은 사티에게 언젠가는 네오를 다시 만날 수 있을 것이라고 말한다. "이런 식의 결말을 알고 있었느냐"는 세러프의 물음에 오라클은 알았다기보다는 '그저 믿었을 뿐'이라고 대답한다.

● **네오** Neo(일명, '그 사람' the One 또는 토머스 A. 앤더슨 Thomas A. Anderson)(Keanu Reeves 분) │ 3부작의 주인공. 인류를 매트릭스로부터 해방시키는 컴퓨터 해커. 사람들과 어울리기보다는 혼자 지내기를 좋아한다. 모피어스와 그의 승무원들은 구세주로 생각하지만, 정작 본인은 그들이 그렇게 생각하는 이유를 전혀 알지 못한다. 3부작이 진행되면서 차츰 자신에게 잠재되어 있던 새로운 능력들을 깨닫고 발전시키면서 주어진 소명과 자신을 받아들인다. 전통적인 초인의 모습과 달리 강하지만 지나치게 남성적이지 않고, 세상을 구할 책무를 받아들이면서도 도덕적 설교를 펼치지 않으며, 필요할 경우에는 폭력도 마다하지 않는다. 성격은 수동적이었으나 점차 능동적으로 변하면서 어려움을 극복하고 사명을 완수한다.

● **트리니티** the Trinity(Carry-Anne Moss 분) │ 매트릭스라는 가상세계로부터 네오를 빼내는 자유인이며, 해방된 인류 가운데 맨 먼저 네오와 접촉하고 연인이 되는 지하세계의 해커. 침착하고 강직하며 사명감이 투철하다. 〈매트릭스〉에서 숨이 끊긴 네오를 사랑으로 되살려낸다. 막강한 싸

움꾼이며 네오가 '그 사람'이란 확신이 들자 그를 위해 목숨도 바칠 각오다. 항상 검은 가죽이나 라텍스로 만든 옷을 입고, 머리를 짧게 깎은 모습은 중성적이면서 매혹적이다.

● **모피어스** Morpheus(Lawrence Fishburne 분) | 해방된 인간의 도시 시온 소속 느브갓네살 호의 함장. 기골이 장대하고 강인하며 신념이 투철하다. 난관이 닥칠 때마다 감동적인 연설로 사람들의 용기를 북돋고 굳건한 신념으로 목표를 이루기 위해 솔선수범하며 전력투구한다. 네오가 '그 사람'이라는 믿음은 어떤 상황에서도 흔들리지 않는다.

● **스미스 요원** Agent Smith(Hugo Weaving 분) | 네오와는 상극이며, 요원들의 우두머리이자 가장 강하고 위험한 인물. 스미스, 브라운, 존스 요원은 매트릭스 안에서는 어떤 몸이든 차지해 자기로 복제시킬 수 있다. 네오에게는 수많은 자기복제를 통해 집요하게 공격을 가하는 가장 부담스럽고 끈질긴 적수.

● **오라클** the Oracle(1, 2편은 Gloria Foster 분, 3편은 Mary Alice 분) | 기계의 무의식적 지배를 벗어나려는 자유인들이 매트릭스로부터 탈출하도록 도와주는 상냥하고 온화한 예언자. 싸구려 아파트에서 과자를 굽는 현명하고 인

정 넘치는 할머니의 모습이고, 들려주는 말은 우회적이면서도 직설적이다. 모피어스에게는 신념과 믿음의 근원이며, 네오에게는 어머니 같은 가르침을 베푸는 근원이다. 네오의 운명을 결정하는 인물은 아니고, 네오가 스스로 갈 길을 깨닫도록 도와줄 뿐이다.

● **센티넬들** sentinels(또는 squiddies) | 컴퓨터가 사람들을 제거하기 위해 만들어낸 로봇들. 생김새는 눈동자와 비슷하고, 문어발 같은 촉수들의 끝에는 감지장치가 달려 있다. 촉수들은 사람을 옭아매거나 추격하는 데 이용된다. 시온의 원형제붕을 뚫고 나타날 때는 공포의 메뚜기 떼를 연상시킨다.

● **사이퍼** Cypher(Joe Pantoliano 분) | 느브갓네살 호 승무원. 현실세계의 고단한 삶에 지쳐 매트릭스로 돌아가기 위해 동료들을 배반한다. 영양분은 많지만 맛없고 냄새 고약한 현실세계의 음식보다 기계들이 암호화한 부드럽고 기름진 가상 스테이크를 더 좋아한다. 스미스에게 모피어스를 넘겨주는 대가로 현실세계를 잊게 해주고 높은 지위와 풍족한 삶을 보장해 달라고 요구하는데, 현실보다는 착각을 선택한 셈이다. 이름은 아라비아 숫자의 '0'과 암호 생성 또는 해독 행위를 암시한다. 뱀가죽 상의는 뱀/유혹자를 연

상시키지만, 창세기의 뱀과 달리 지식보다는 행복한 무지
를 선망한다.

● **메로빈지언** the Merovingian(또는 the French-
man)(Lambert Wilson 분) | '그 사람'의 이전 화신들 가운
데 하나인 컴퓨터 프로그램. 대단히 속물적이고, 걸핏하면
프랑스어를 쓰며 프랑스인이란 점을 과시한다. 상대방이야
알아듣든 말든 인과관계에 대한 설교를 펼치고, 사람이 하
는 일은 믿지 않는다고 단언한다. 그의 아내 이름 페르세포
네는 그가 그리스 신화에 나오는 명부(冥府)의 왕 하데스에
상응하는 인물임을 암시하며, 그의 이름은 스스로 그리스
도의 후손이라면서 그들만의 왕국에 틀어박혀 서열에 따라
권력을 분배한 수상쩍은 왕들을 배출한 7세기 프랑크 왕국
의 메로빈지언 왕조를 연상시킨다. 네오가 열쇠제작자를 찾
도록 도와달라고 청하지만, 자신의 권력을 상싱하는 열쇠
제작자를 넘겨주려 하지 않는다.

● **열쇠제작자** the Keymaker(또는 the Exile)(Randall Duk
Kim 분) | 근원으로 통하는 열쇠를 가진 프로그램. 그 열쇠
를 '그 사람'에게 전하는 것을 소명으로 여기고 열쇠로 가
득 찬 좁은 방 안에서 열쇠를 만들며 소명을 완수할 날을
기다리다가 '그 사람'을 만나자 전달함으로써 기계에 저항

하는 인간들을 조직적으로 단합시킨다. 키가 작고 구부정한 모습은 매트릭스 안의 건장한 전사들의 모습과 대비된다. 허리춤에는 열쇠꾸러미, 목에는 근원으로 가는 가장 중요한 열쇠가 걸려 있다.

● **제이슨 로크 사령관** Commander Jason Lock(Harry Lennix 분) | 시온의 방어를 맡은 지휘관. 굳건하고 확실한 계획에 의거해 시온을 지키려고 한다. 항상 명령을 하달하고 의견을 표명할 때는 적절한 경로를 따르지만, 그의 절실한 계획에는 창의성이나 희망이 들어설 여지가 거의 없다. 나이오비가 모피어스에게 기울자 질투하면서 자신만만하던 태도가 서서히 무너지기 시작한다.

● **나이오비** Niobe(Jade Pinkett Smith 분) | 로고스 호의 함장. 노련하고 자신감이 넘치는 여장부. 그리스 신화에서 탄탈루스의 딸이자 테바이(테베)의 왕 암피온의 아내로서 아들과 딸이 각각 일곱이었으나 자기가 아들과 딸을 하나씩 둔 레토 여신보다 낫다고 자랑하다가 노여움을 사게 되면서 눈앞에서 레토 여신의 아들 아폴로와 딸 아르테미스의 화살에 자식들이 죽어가자 슬픔을 이기지 못해 돌기둥이 되었다는 비극적 여인의 이름이다. 다른 함장들에 비해 집중력, 개성, 배짱이 뛰어나다. 신념과 본능에 따라 결정하고, 어떤 의견에도 흔들리지 않는다. 군사적으로 꼭 필요한

인물이지만, 모피어스와 로크가 반목하는 원인을 제공한다.

● **건축가** the Architect(Helmut Bakaitis 분) | 매트릭스의 창조자. 엄청난 지능을 소유한 비인간적인 존재이며, 인간의 약점들에 대한 가벼운 혐오나 인류의 행동양상에 대한 탐구열을 감추지 못한다. 신 같은 존재지만, 다른 단계의 도덕에 따라 행동한다. 영지주의 신학에 의하면, 세상은 하나님이 아니라 악마가 창조했고, 인류를 속박하기 위해 세상의 고난과 시련을 창조했다. 건축가는 선과 악, 기계와 인간의 최후의 전쟁(아마겟돈)을 유발하기 때문에 하나님이 아니라 불가지론의 악마를 대변한다고 볼 수 있다.

● **세러프** Seraph(Collin Chou 분) | 오라클을 보호하는 천사 같은 정령. 오라클을 방문한 네오를 무술로 시험한다. 이름은 기독교 신학의 소위 9품 천사의 위계에서 두 번째인 치품(熾品)천사를 일컫는데, 하나님의 보좌를 돌보기 때문에 하나님과 직접 의사를 소통한다.

● **탱크** Tank(Marcus Chong 분) | 느브갓네살 호 교환수. 근육질에 다정다감하며, 모피어스의 지도력을 믿고 충직하게 섬긴다.

● **도저** Dozer(Anthony Ray Parker 분) | 탱크의 형. 아우

와 함께 근무한다. 형제가 함께 등장할 때는 그리스도의 사
도인 야고보와 요한을 연상시킨다.

● **링크** Link(Herald Perrineau 분) | 탱크의 뒤를 이은 느
브갓네살 호 교환수. 처음에는 네오의 능력에 대해 회의적
이었지만 직접 그 위업들을 목격하면서 차츰 믿음이 굳어
진다. 이름은 인간의 고향을 연결시켜 주는 사람이란 암시다.
기계와 싸우게 되는 동기는 아내 제를 향한 사랑이다.

● **제** Zee(Nona Gaye 분) | 링크의 아내이자 탱크와 도저
의 누이동생. 여러 가지 시련을 겪으면서 점차 은근한 고결
함과 내면적인 강인함을 발산한다. 오빠들의 뒤를 이어 느
브갓네살 호에 교환수로 탑승하는 링크에게 행운의 부적을
건넨다.

● **사티** Sati(Tanveer K. Atwal 분) | 매트릭스의 프로그램
인 라마-칸드라와 카말라의 딸. 부모가 메로빈지언과 거래
한 덕분에 매트릭스를 벗어나 오라클의 보호를 받는데, 아
마겟돈 이후에 처할 인류의 미래를 대변한다. 프로그램들
은 사랑 같은 인간적 감정을 품을 수 없다고 생각하던 네오
는 사티 부모의 사랑을 보고 새로운 깨달음을 얻는다.

● **라마-칸드라** Rama-Kantra(Bernard White 분) | 사티의

아버지. 프로그램이고, 딸의 목숨을 구하기 위해 메로빈지
언과 거래한다.

● **카말라** Kamala(Tharini Mudaliar 분) | 사티의 어머니.
프로그램이고, 딸의 목숨을 구하기 위해 메로빈지언과 거
래한다.

● **트레인맨** the Trainman(Bruce Spence 분) | 매트릭스
와 현실세계 사이의 중간 세계를 창조해 운영하고, 이따금
매트릭스와 현실세계를 오가며 프로그램들을 밀거래하는
비열한 사내. 더러운 상의, 길고 헝클어진 머리카락, 움푹
꺼진 얼굴은 부랑자 같지만, 사실은 지하철 객차들의 보이
지 않는 세계에서 길을 잃고 헤매는 유능한 프로그래머이다.
그의 결정은 항상 두목인 메로빈지언의 결정들에 좌우된다.

● **페르세포네** Persephone(Monica Belluci 분) | 메로빈지
언의 아내이자 남편이 운영하는 클럽 '헬'의 안방마님. 딴
여인에게 관심을 쏟고 예전처럼 참된 사랑을 주지 않는 남
편에게 불만을 품고, 네오에게 참사랑이 담긴 키스를 받는
대가로 열쇠제작자를 넘겨준다. 그리스 신화에서는 명부의
왕 하데스에게 납치되어 그의 아내이자 명부의 여왕이 된다.

● **롤런드 함장** Captain Roland(David Roberts 분) ｜ 해머 호 함장. 은발에 입을 꽉 다문 모습은 다른 함장들보다 인간적으로 보인다. 논리적으로 생각하고, 실수도 하고, 마음도 바꾼다.

● **마우스** Mouse(Matt Doran 분) ｜ 느브갓네살 호의 훈련 프로그램을 제작하는 천재. 처음부터 모피어스의 대원이었고, 이름이 암시하듯 쉽게 흥분한다. 섹스나 맛있는 음식처럼 또래가 갖는 인간적 관심사에 이끌린다.

● **하만 위원** Councilor Hamann(Anthony Zerbe 분) ｜ 시온 원로위원회의 위원이자 해결사. 대화를 즐기고 온화하며, 연륜과 경험에 의한 지혜를 희망과 신념의 특징인 비합리성과 균형을 이루면서 문제에 접근한다.

● **쌍둥이** the Twins(Neil and Adrian Raymant 분) ｜ 얼굴에 하얀 분을 두껍게 바르고, 하얀 정장에 하얀 머리를 가닥가닥 땋은 메로빈지언의 경호원들. 자유롭게 변신하고 연기처럼 공간을 이동한다. 〈매트릭스 2〉에서 대사는 거의 없지만, 이따금 차분한 영국식 어투, 꾸민 듯한 부드러운 몸짓, 절제적인 교만한 태도를 보인다는 점에서 메로빈지언과 유사하다. 겉모습과 행동은 〈고스트버스터 *Ghostbusters*〉에

등장하는 유령들처럼 보이는데, 전설에 나오는 유령들과 괴물들이 실제로는 변종 프로그램들이라는 오라클의 주장을 입증하는 예들.

● **베인** Bane(Ian Bliss 분) | 해머 호 승무원. 스미스는 매트릭스 밖의 세상에 들어가기 위해 베인의 몸을 차지해 자기로 복제하고, 베인/스미스는 스미스의 가식적인 말투와 베인의 모습을 유지한다. 느브갓네살 호의 수색에 나선 함정들이 의문스럽게 파괴된 후에 유일하게 구출되어 해머 호의 의무실에 입실하면서부터 승무원들의 의심을 받는다.

● **기계에서 내려온 신** Deux ex Machina(Kevin M. Richardson의 목소리) | 기계도시의 심장부에 있는 최고의 정령이며, 기계 곤충 떼의 형상을 취한다. 기계도시의 동력 공급선인 세 가닥의 굵은 전선들 위로 떠오르는 빛나는 얼굴은 네오의 말을 듣고 스미스와의 결전 기회를 마련해 준다. '데우스 엑스 마키나'는 고대 그리스 · 로마의 연극에서 사건이 해결될 수 없이 교착되었을 때 갑자기 기계장치에 의해 신이 천장에서 내려와 뒤얽힌 플롯을 쉽게 해결하거나 절망적 상황에 빠진 주인공을 구출해 주는 기법이며, 근대 작품에서는 플롯으로부터 논리적으로 도출되는 결과와 다르게 이야기를 끝내는 인위적이거나 억지스러운 장치를

가리킨다. 영화 속에서 그 실체의 이름이 한 번도 언급된
적이 없다는 점을 감안하면, 크레딧(credits. 영화·방송·
출판물 등에서 참여자와 자료제공자에 보내는 경의)에서는
반어적으로 사용된 듯하다.

● **미퓨네 함장** Captain Mifune(Nathaniel Lees 분) | 시온
의 선착장에 구축된 방어선에서 두려움에 위축된 부하들을
독려하며 기계군단에 맞서 싸우다 전사한다.

● **키드** the Kid(Clayton Watson 분) | 시온의 선착장 전투
에서 게이트를 열어 해머 호의 진입을 돕는 소년. 처음에는
불안에 떨다가 동료들이 죽어가고 센티넬들이 벌떼처럼 몰
려들자 용감하게 전투에 임한다.

● **소런 함장** Captain Soren(Steve Bastoni 분) | 비질런트
호 함장. 다소 우둔하지만 느브갓네살 호의 수색에 자원하
는 바람직한 면모를 보여준다.

● **스위치** Switch(Belinda McClory 분) | 느브갓네살 호 승
무원. 다른 승무원들과 대조적으로 금발을 뾰족하게 세우고,
깨끗하고 새하얀 정장을 입고 있다.

● **매기** Maggie(Essie Davis 분) 해머 호의 의무실 간호사.
베인/스미스에게 살해된다.

● **딜러드 위원** Councilor Dillard(Rovyn Nevin 분) | 시온
원로위원회의 의장. 오랜 경험이 가져다주는 침착함과 냉
철한 판단력은 시온의 미래를 결정하는 데 부족함이 없다.

● **웨스트 위원** Councilor West(프린스턴 대학교 종교 및
미국 흑인 연구학 교수이자 작가인 Cornel West 박사 분) |
시온 원로위원회에서 가장 겁 많고 감정이 풍부한 인물.

● **에이포크** Apoc(Julian Arahanga 분) | 느브갓네살 호
승무원.

● **고스트** Ghost(Anthony Wong 분) | 나이오비의 함정에
서 근무하는 노련한 승무원.

네오(일명 '그 사람,' 토머스 A. 앤더슨)

〈매트릭스〉의 도입부에서 그가 당연시하는 삶은 착각이었고 심지어 컴퓨터 해커인 그의 감성으로도 도저히 이해할 수 없는 컴퓨터가 만들어낸 세상이란 것을 알게 된다. 이어 빠르게 충격을 극복하고 다른 사람들을 강요된 가상 운명으로부터 해방시키는 임무를 받아들인다. 깨달음을 향한 그의 길은 신속하고 평탄하다. 이미 진실을 깨달은 사람들이 그를 찾아 나섰고, 진실을 깨닫는 길로 갈 것인지, 아니면 거짓 삶으로 돌아갈 것인지에 대한 선택권을 준다. 그리고 빨간 알약을 선택하면서 눈이 뜨이고 싸구려 해커에서 우주의 영웅으로 방향을 전환한 그는 결코 감정을 크게 드러내지 않는데, 관객들은 무술 실력이 놀랄 만큼 숙련되면서 자신감도 점점 커지는 것을 감지할 수 있다.

자신의 역할을 받아들임으로써 3부작에서 그리스도 같은 인물이 된다. 모피어스와 오라클을 비롯한 많은 사람들이 '그 사람'이라고 부르며, 자기들을 해방시키고 구원해줄 사람이라고 확신하고 있는 것. 네오와 그리스도 사이에는 몇 가지 일치하는 점이 있다. 〈매트릭스〉에서 네오가 죽었다가 되살아나는 것은 인류의 구세주 역할을 굳히는 기적이다. 그리스도는 인간이면서 신이다. 네오의 경우, 일단 자신의 실체를 충분히 이해하고 나자 주변의 모든 것을 망라하는 매트릭스의 암호를 볼 수 있게 되면서 매트릭스와 현실세계 사이의 구분을 초월하는 능력을 증명한다. 매트릭스 상의 이름 토머스 A. 앤더슨도 그리스도와의 유사성을 암시한다. '앤더슨'은 어원적으로 '사람의 아들'이란 뜻인데, 복음서들에서는 그리스도를 기술하기 위해 사용된다. '토머스'는 직접 증거를 보기까지는 그리스도의 부활을 믿지 않으려고 했던 도마 사도(disciple Thomas)를 연상시킨다. 네오도 믿음과 직접 경험을 똑같이 연관시키고, 실제로 경험을 축적하기 시작할 때까지는 자신과 자신의 능력을 의심한다. 네오가 실제로 그리스도를 대신하려는 의도는 아니지만, 이 같은 연관성들은 그의 지위를 고양시키고 인류를 구원하기 위한 싸움에서 맡은 역할의 중요성을 부각시킨다.

모피어스

엄청난 위험과 시련 앞에서도 꺾이지 않는 굳세고 용감한 현실세계의 지도자. 네오를 '그 사람'이라고 믿고 매트릭스 안의 안락한 삶에서 끌고 나와 진실을 보여준다. 네오에 대한 믿음은 네오가 불완전한 모습을 보일 때도 흔들리지 않고, 네오에 대한 충성심은 네오의 사명완수를 위해서라면 목숨까지 바칠 각오로 간절하다. 느브갓네살 호 승무원들에게는 아버지 같은 존재이고, 네오에게는 최상의 지도자요 스승으로서 알고 있는 것을 남김없이 가르쳐주고 올바른 길로 인도한 다음에는 스스로 길을 나아가도록 해 주며, 영예와 사리사욕을 추구하지 않기 때문에 영웅적인 행동이 가능하다.

3부작에서 암시된 많은 철학과 종교는 모피어스가 지닌 다채로운 역할과 의미를 암시한다. 이름은 '모양을 빚는 사람(he who forms)'이란 뜻을 가진 그리스 신화의 모르페우스(꿈의 신)를 암시하는데, 꿈과 공상으로 다른 사람의 마음을 사로잡는 힘뿐만 아니라 자신의 형체를 바꾸고 현실을 조작하는 힘, 그리고 사람들을 잠에서 깨우는 힘도 지니고 있다. 〈매트릭스〉에서는 네오를 착각의 세상에서 깨어나게 한다. 모피어스의 어근 'morph'는 '모양 또는 형태'를 뜻하며, 잠과 환각/꿈을 유발하는 것으로 알려진 마약 'morphine' 같은 낱말들에 남아 있다.

트리니티

한때 컴퓨터 해커였으나 모피어스에 의해 매트릭스에서 해방되었으며, 이제는 시온에 속한 반역자 무리의 일원이다. 강인한 인상에 가죽옷을 착용한 일종의 초인적인 여전사로서 쿵푸의 달인이자 명사수지만 냉혈한이 아니라 정 많은 의리파다. 〈매트릭스〉의 끝부분에서는 사랑 고백으로 죽었던 네오를 되살리지만, 〈매트릭스 3〉에서 자신의 죽음을 네오가 세계를 구하는 과정의 일부로 받아들일 때는 순교자의 모습을 보여준다. 네오 못지않게 세상을 구하려는 각오가 분명하지만 역할이 다를 뿐인 것.

이름에는 기독교적인 함의가 많이 들어 있다. 기독교 신학에서 트리니티(삼위일체)는 하나님, 예수 그리스도, 성령(성부, 성자, 성신)의 합일을 의미한다. 기독교적인 구원관에 따르면, 우리는 삼위일체를 통해 영생을 얻을 수 있다. 성 삼위일체가 가톨릭 종교의 핵심으로 작용하듯, 3부작은 여러 방식으로 트리니티와 네오 사이에서 발전하는 관계에 의해 통합된다. 하나님은 인간에게 구원을 베푸시는 유일한 구세주요, 성령의 은사 속에서만 우리가 알 수 있게 되는 예수 그리스도를 통해 구원을 베푸신다. 3부작에서 트리니티는 관객을 네오에게 접근시켜 주는 역할을 한다.

스미스 요원

매트릭스 안에서 특별한 목적을 이루도록 만들어진 컴퓨터 프로그램. 가령, 열쇠제작자가 죽는 것처럼 매트릭스 안에서 프로그램들이 죽으면, 그 목적을 달성했기 때문에 삭제된다. 〈매트릭스〉의 끝부분에서 네오와 싸울 때는 프로그램에 불과하지만 다른 요원들과 달리 매트릭스의 세계에 대해 점차 불만을 느끼는 모습은 어느 정도 성격과 목적이 진화한다는 점을 보여주기도 한다.

휴고 위빙은 스미스를 난해하면서도 복잡한 실체로 구현한다. 스미스는 하나의 프로그램이지만, 인간적인 품성들도 지닌 것 같다. 가령, 오라클을 만나 그녀가 알고 있는 것과 그것의 습득 방법을 알아내려고 할 때는 절박한 태도를 보인다. 3부작이 진행되면서 스미스의 말투도 달라진다. 처음에는 독선적이고 느릿느릿하고 질문에도 요령이 있으며 자신이 어떤 프로그램에 속하든 유연하게 적응할 것이라고 믿지만, 서서히 목소리에 의심이 깃들고 분노의 감정을 드러내면서 어조도 다양해지며 중요한 고비마다 색안경을 벗고 맨눈을 드러낸다. 그는 인간과 기계의 경계를 모호하게 만들고 궁극적으로는 인간이 좀더 강하다는 것은 증명하지만, 그의 유연한 태도는 인간의 승리가 결코 확실하지 않았으며 기계들이 겉보기보다 영향력과 잠재력이 더 크다는 사실을 암시한다.

오라클

모피어스처럼 네오가 소명을 깨닫도록 도와주는 지혜롭고 믿음직한 길잡이지만, 실제로 어떤 능력이 있는지는 분명히 드러나지 않는다. 때로는 미래를 통제할 수 있는 듯이 보일 때도 있지만, 때로는 고작해야 미래를 예측하거나 가능성을 제시하는 능력밖에 없는 것처럼 보이기도 한다.

어쨌든 그녀의 예언은 미래가 이미 정해져 있고, 따라서 네오와 일행에게는 자유의지가 없다는 것을 암시한다. 그러나 그녀의 힘과 역할은 3부작이 진행되면서 진화하고, 그녀에 대한 관객의 이해도 진화하면서 결국에는 그녀가 정말로 미래에 관해 무언가를 알고 있는지, 아니면 사람을 판단하는 능력이 뛰어난 것뿐인지 의심이 생길 수 있다. 실제로는 매트릭스의 일부인 프로그램에 불과하다는 사실 때문에 그녀의 능력을 정확히 이해할 수 없지만, 차분하고 편안한 모습 자체만으로도 그녀의 예언만큼이나 네오와 일행의 사명 완수에 도움이 될 수 있다.

워쇼스키 형제는 소크라테스를 이 세상 최고의 현자라고 선포했다는 델포이의 무녀로부터 오라클이란 인물을 끌어냈다. 이때 소크라테스는 자신이 현명하다면 그 이유는 아무것도 모르기 때문이라고 대답했다. 네오도 자신의 무지를 알고 있는데, 오라클의 아파트에 걸린 "너 자신을 알라"라는 명문은 자기인식이 가장 중요하다는 암시다. 3부작의 오라클은 고대 그리스의 오라클처럼 위엄이 넘치거나 위압감을 주지는 않는다. 고대의 오라클은 신성한 삼각의자에 앉아 갈라진 틈에서 올라오는 아폴로의 숨결로 믿어지는 환각성 증기를 마시는 반면, 이곳의 오라클은 싸구려 아파트의 삼각의자에 앉아 화덕에서 익는 과자 냄새를 맡고 있다.

주제, 모티프, 상징

| 주제 |

인간과 기계의 모호한 경계

3부작은 인간과 기계의 전쟁을 묘사하면서도 인간들은 그들이 생각하는 것보다 더 기계 같고, 기계도 인간다운 품성을 지닌다는 점을 보여준다. 인간도 기계들처럼 작동된다. 오라클의 예언과 네오에 대한 모피어스의 믿음은 확고하고 절대적이며, 승무원들은 자동적으로 그를 따른다. 네오에 대한 트리니티의 열성과 애착에도 기계적인 항상성이 있다. 그녀의 행동은 사랑을 암시하지만, 그 사랑은 열정이나 감정보다는 끊임없이 격앙되는 활동으로 표현된다.

키아누 리브스는 거의 로봇 같은 냉정함을 내보이고, 리브스와 캐리-앤 모스는 매끄럽고 남녀를 구분하기 힘든 의상을 착용하고 있다. 그들의 놀라운 무술 실력과 초인적인 힘은 기계의 범주에 속할 정도인데, 아름답고 부드러운 움직임은 그들에게 다운로드된 프로그램들의 결과물이다. 유연하고 적응력이 빠르며 창의적인 요원들도 아무런 문제 없이 프로그램들을 이동하고 인간의 말을 경청하며 민감하게 반응한다. 안경을 벗고 다른 요원들을 내보낸 다음 모피어스에게 심경 변화를 털어놓을 때 말 속에 혐오와 공포 같은 인간적인 감정이 담겨 있는 스미스는 거의 필사적으로 인간이 되려는 것처럼 보이고, 그의 끝없는 자기복제는 아주 이기적이다.

기계와 인간 사이의 경계가 거의 사라질 만큼 모호해지면서 3부작은 그것들이 실제로 얼마나 상호의존적인지, 또는 상호의존적일 수 있는지의 복잡한 문제를 제기한다. 인공지능이 두려운 이유 하나는 인간이 기술에 점차 의존하다가 결국에는 헤어나지 못할 것이란 점이고, 네오는 매트릭스의 완벽함과 미묘함을 점점 더 많이 발견하게 된다. 머잖아 기계가 인간보다 똑똑해질 우려가 있지만, 3부작의 큰 주제는 기술이 인간을 노예로 삼을 만큼 똑똑해지면 안 된다는 것이다. 인간이 인간적인 문제들을 해결하기 위해 기계에 의지하는 한, 인간과 기술은 상호의존적이다. 3부작에서 기계들은 생존을 인간에게 의존하며, 계속 존재하기 위해 인간을 재배하고 수확한다. 비록 인간이 생존을 기계들에 의존할 필요는 없지만, 3부작의 전제 이야기는 어느 시점에서 인간이 무언가를 위해 인공지능을 필요로 했고, 따라서 그 필요성을 충족시키기 위해 인공지능을 창조했다는 사실에 근거한다.

매트릭스와 현실세계에서 숙명 vs. 자유의지

모피어스가 네오에게 빨간 알약이나 파란 알약을 선택하라고 요구하는 것은 본질적으로 숙명과 자유의지 사이에서 하나를 선택하란 말과 같다. 매트릭스 세상은 숙명이 지배한다. 즉 그 세상은 사전에 건설되고 행동들도 미리 정해지기 때문에 모든 의문에는 이미 답들이 있고 모든 선택은 선택이라는 착각에 불과하다. 현실세계에서는 인간이 운명을 바꾸고, 개인적인 행동을 하고, 실수를 저지를 힘을 갖는다. 빨간 알약, 즉 실제 삶을 선택한 네오는 자유의지가 좋은 것만은 아니란 점을 깨닫는다. 현실세계는 위험하고 부족한 것이 많은 난장판인 것. 쾌락은 거의 전적으로 매트릭스의 세계에서만 존재하고, 실제로는 컴퓨터가 꾸며낸 것에 불과하다. 빨간 알약의 선택을 후회하며 결국 매트릭스로 되돌아가려 하는 사이퍼는 심지어 거짓된 쾌락이라도 없는 것보다는 낫다고 간주한다. 네오, 모피어스, 트리니티를 비롯한 시온 주민들은 당연히 아무리 불쾌하더라도 자유의지와 현실을 귀하게 여긴다. 3부작은 누구에게나 현실세계와 인위적인 세계 사이에서 선택할 개인적 책임이 있다고 암시한다.

자유의지의 표본인 네오의 모험에서도 숙명이 커다란 역할을 한다. 네오는 오라클에게 의지하고, 그녀의 말은 어떤 식으로든 현실화된다. 그런데 그녀가 때를 두루 살피고 어떤 일이 닥칠 때마다 올바른 결정을 내리도록 네오를 이끌 수 있다면, 그는 자유의지를 지녔더라도 많이 발휘할 필요가 없다. 모피어스는 오라클을 미래를 알고 있는 인물보다는 '길잡이'로 묘사하려 들고, 3부작의 결말에서 그녀는 세러프에게 실제로는 아무것도 모르고 다만 믿을 뿐이라고 고백하지만 언제나 옳기 때문에 실제로 네오가 자유의지를 얼마나 가졌는지 의문스럽다. 그리고 오라클의 방문객들은 매트릭스의 필수 부분인 그녀의 지성과 침착한 태도에 이 끌려 예언들을 믿게 되는데, 어쩌면 그 신뢰 덕분에 그것이 실현되는지도 모른다. 이런 의미에서 그녀는 모피어스, 네오, 트리니티와 최종 목표들을 공유하고, 함께 능동적으로 미 래를 형성한다.

몸, 뇌, 정신의 관계

3부작은 몸, 뇌, 정신의 상호관련성, 특히 세상이 착각으로 밝혀질 때 그 연관성이 어떻게 변하는지 탐구한다. 3부작의 세상에는 두 부류의 인간, 즉 보통 사람들과 머릿속의 포트 덕분에 매트릭스에 연결될 수 있는 사람들이 거주한다. 매트릭스 거주민들은 정신이 창조하는 육체적 감각들을 느낄 수 있고, 3부작은 몸은 정신이 존재하지 않으면 살 수 없다는 것을 분명히 보여준다. 싸움 실력 등의 기량들은 뇌에 다운로드되고, 정신이 자유로운 사람은 마치 내내 그런 기량을 지녔던 것처럼 몸을 제어할 수 있다.

3부작은 인간이 세상에서 깨어 있으려면 몸, 뇌, 정신이 동시에 작용해야 하며, 어떤 의미에서는 개체성과 인간성이 지닌 힘의 선언이라고 암시한다. 세 요소의 존재나 부재 상태가 네오, 모피어스, 트리니티와 요원들, 건축가, 오라클, 여타 매트릭스에 얽매인 실체들을 구분해 준다.

| 모티프 |

성적 능력과 육욕

〈매트릭스〉에서 성에 대한 언급은 모두 매트릭스 안, 즉 마음속에서만 일어난다. 천재 프로그래머 마우스는 매트릭스라는 허상의 일부인 붉은 옷차림의 가상 미녀를 창조한다. 〈매트릭스 2〉는 현실세계인 인간의 도시 시온에서 볼 수 있는 성의 세속적인 형태를 제시한다. 냉정을 유지하던 네오와 트리니티는 시온에서 전통적으로 천국의 축복을 상징하는 아치 아래서 사랑을 나눈다. 이 영화는 그들의 사랑 장면 사이에 세속적이고 관능적인 시온 주민들이 원시적인 북소리에 맞춰 공동체를 찬양하는 장면들을 끼워 넣는다. 그들은 흙색의 헐렁한 옷을 입고 있으며, 문신이 새겨진 몸은 근육이 울퉁불퉁하고 땀에 젖어 번들거린다. 마치 세상과의 이음매 역할을 하는 듯한 황홀경 속에서 수많은 사람들이 펄쩍펄쩍 뛰면서 일렁거린다. 이처럼 성적 능력과 육욕은 현실세계에서는 구체적이지만, 매트릭스 안에서는 다른 것처럼 착각에 지나지 않는다.

〈매트릭스 3〉에서 메로빈지언이 운영하는 지하세계의

클럽 "헬"은 번들거리는 라텍스 의상, 채찍, 사슬, 가면, 근육질의 몸들이 가득한 변태적 성행위의 천국으로 그려진다. 이 클럽은 단테가 〈신곡〉의 「지옥편」에서 죄인들이 죄의 유형별로 다양한 고문과 형벌을 받는 지옥을 연상시킨다. 여기서 워쇼스키 형제는 가상적인 처벌, 즉 다양한 소재들, 결박들, 가면들이 전달하는 느낌들과 함께 지배와 복종의 다양한 역할놀이가 해방감을 안겨주는 관능적인 경험이 될 수 있다는 관념을 제시한다. 기독교 신자 단테가 타락이라고 비난한 것을 메로빈지언은 흥겨운 잔치로서 주재하는 것이다.

색안경, 눈, 거울

색안경은 착용자의 눈을 감추면서 상대방들의 모습을 반사한다. 색안경을 벗는다는 것은 그 인물이 새롭거나 다른 관점을 갖게 된다는 것, 또는 '그 사람'이 어떤 식으로든 취약해지거나 노출되고 있다는 신호다. 〈매트릭스 2〉에서 네오가 페르세포네에게 키스하기 위해 색안경을 벗고 눈을 들여다보는 행위는 그 순간의 불안정과 진지함을 나타낸다. 모피어스가 네오에게 두 색깔의 알약을 놓고 선택을 요구할 때, 파란 알약과 빨간 알약이 각각의 안경알에 비치는 것은 두 가지 방식 가운데 하나를 반드시 선택해야 한다는 점을 가리킨다. 네오가 새로운 세상에 들어갈 때, 색안경은

그가 마주치는 위험과 놀라운 일들을 이겨낼 수 있는 보호
장구 역할을 한다.

거울은 우리가 외부세계를 보는 방식뿐만 아니라 우리
자신과 우리 자신의 세상을 보는 방식도 드러낸다. 빨간 알
약을 먹은 네오는 현실세계에 들어가고, 그가 만지는 거울
이 찐득거리는 물질로 변해 그를 서서히 감싸는 장면은 그
가 새로운 인지 영역으로 들어가면서 모든 착각을 벗어던
진다는 암시다.

그 이외의 반사하는 소재들은 3부작이 전개되면서 철
저히 파괴된다. 초고층 건물들의 유리는 산산이 부서져 소
나기처럼 쏟아지고, 물은 쏟아져 물웅덩이를 이루듯 투명
한 것은 모두 끊임없이 형태와 위치를 바꿔 반사되는 것을
모조리 변형시킨다.

성서에 얽힌 언급

3부작은 성서에 얽힌 내용을 통해 빈번하게 인물들의
발전을 보강하고 화면에서 전개되는 단순한 행동들에는 훨
씬 커다란 의미가 담겨 있다는 것을 암시한다. 예를 들면,
느브갓네살 호의 등록번호판에는 "Mark III, No. 11"(마가
복음 3장 11절)이 표기되어 있다. 신약 성서의 마가복음 3
장 11절에는 "더러운 귀신들은 어느 때든지 예수를 보면
그 앞에 엎드려 부르짖어 가로되 당신은 하나님의 아들이

니이다 하니"라고 적혀 있다. 어떤 점에서 모피어스는 구세주의 소식을 알린다는 점에서 복음사가(史家)와 유사하다. 어쨌든 네오를 '그 사람'이라고 최초로 믿고 선언한 사람이기 때문이다.

〈매트릭스 2〉에서는 시온의 주민들이 마가복음의 군중들처럼 네오를 구세주처럼 대하며 은총의 손길을 베풀어달라고 간청한다. 네오가 반드시 구세주일 필요는 없지만, 여기서의 성서에 관한 언급은 그가 구세주의 자질을 구현한다는 암시이고 그의 역할에 관한 그럴듯한 해석을 제시한다. 그리고 스미스의 자동차 번호는 'IS 5416'이다. 구약 성서 이사야서 54장 16절은 "보라, 숯불을 불어서 자기가 쓸 만한 연장을 제조하는 장인도 내가 창조하였고, 파괴하며 진멸하는 자도 내가 창조하였은즉"이다. 54장에서 이사야는 이스라엘 백성에게 약속된 땅 시온이 승리와 더불어 미래의 영광을 차지한다는 주님의 확언을 언급하면시, 히나님이 모든 것을 창조했다는 점을 상기시키고, '너를 치려고 제조된 모든 연장이 쓸모가 없을 것'이라고 안심시킨다.

3부작을 이해하기 위해 성서에 얽힌 내용을 반드시 인지하고 이해할 필요는 없지만, 이 같은 언급들은 3부작에 새로운 의미를 보태주고, 등장인물들을 더 많이 알게 해주며 갈등에 깊이를 더해 주면서 영화에 숨겨진 의미와 함께 우리가 보는 것만이 전부가 아니라는 관념을 보강해 준다.

시온

인간 도시 시온의 의미는 3부작이 진행되면서 바뀐다. 〈매트릭스〉에서는 언급되기는 해도 실제로는 등장하지 않고 일종의 약속된 땅, 즉 싸울 가치가 있는 목표를 나타내는 은유로 작용한다. 구약에서는 이곳이 하나님이 이스라엘 백성들에게 약속한 천상의 도시 예루살렘인데, 명상과 안전을 위해 왕국을 내려다볼 수 있는 동산 꼭대기에 위치하고 있다. 시온성의 주민들은 조화롭게 살고 신앙 속에서 하나가 된다. 시온의 의미는 안전이다. 기나긴 방랑과 인고의 세월을 겪은 이스라엘인들의 종교적 피신처가 되었기 때문이다. 3부작에서도 안전한 피신처이자 약속된 땅이지만, 유사점은 이것이 전부다. 매트릭스에서는 시야가 탁 트인 높은 곳이 아니라 지구 중심부의 땅속에 있고, 〈매트릭스 2〉에서는 안전하다는 착각을 주지만 기계들의 침입 때문에 경계선이 유린당한다.

3부작에서 시온은 매트릭스라는 가상 프로그램과 대비된다. 정신 속에서 완전하게 운용되는 통제체계를 가리키는 매트릭스는 개인적·정치적·이념적 성향들을 수용해 모조리 거짓된 것으로 만들며, 착각은 허용하되 행동은 허용하지 않는다. 약속의 땅 시온은 싸울 가치가 있고, 열심히 가꾸고, 목숨 바쳐 지킬 만한 현실적이고 구체적인 장소를 대표하며, 살아 있는 성소(聖所)이자 선택받은 사람들의 노력과 믿음에 바쳐진 기념비다. 〈매트릭스 2〉와 〈매트릭스 3〉에서의 상징적 의미들은 주민들이 참된 인간 공동체를 위해 싸우면서 강화된다.

매트릭스의 초록색

매트릭스 안의 모든 것은 초록색 렌즈를 씌운 카메라로 촬영한 것처럼 온통 초록색(윈도와 워드 프로세싱 프로그램들이 등장하기 전에 컴퓨터 화면에서 사용한 색깔)이다. 이 색깔은 현실세계에서와 달리 우리가 매트릭스 안에서 보는 것이 다른 어떤 것을 거치거나 여과되고 있다는 암시다.

마침내 요원들을 인간의 형체들이 아니라 부호로 인지하는 능력이 생긴 네오의 눈에는 그들이 매트릭스의 세계를 물들이고 있는 것과 같은 초록색으로 보인다. 3부작에서 나쁜 일이 생길 때는 반드시 초록색이 개입된다. 예를 들면, "헬" 클럽은 온통 초록색이고, 베인/스미스는 네오에게 죽기 직전에 초록색 화염에 휩싸인다. 그렇다면, 악의 근원인 기계도시도 네오의 눈에는 초록색이어야 하지만, 육신의 눈이 먼 대신 새로운 시력이 생긴 네오에게는 하늘로 치솟은 황금색 첨탑들이 보인다. 기계라고 해서 모두가 메로빈지언과 스미스처럼 사악한 욕심과 이기심의 구현들뿐인 것은 아니다.

3/트리니티

3부작은 당연히 세 편이고, 3의 배열과 3에 대한 언급이 가득하다. 숫자 3이 담고 있는 강력한 정신적 의미는 트리니티에게서 나타난다. 트리니티란 이름은 성부, 성자, 성신의 성 삼위일체를 암시하며, 하나님의 성스러운 본질을 나타낸다. 3부작에서는 모피어스, 네오, 트리니티와 스미스, 브라운, 존스 요원이 각각 삼위일체를 이룬다. 또 하나의 삼위일체인 세 척의 함정, 즉 소런의 함정, 나이오비의 함정, 모피어스의 함정의 승무원들은 근원의 문에 도달하려고 노력한다.

숫자 3의 반복은 삼위일체의 관념을 유지시키고 강조한다. 〈매트릭스〉는 "Heart O' the City Hotel" 303호실에서 시작하고 끝나는데, 0을 빼면 33이 되면서 그리스도가 십자가에 못 박혀 죽었다가 부활한 나이를 연상시킨다. 〈매트릭스 3〉에서 네오가 보게 되는 세 가닥의 두꺼운 전선은 그를 기계도시의 심장부로 이끌어준다.

| 철학적 영향 |

현실세계가 착각이라는 관념을 다룬 선례는 많고, 3부작에는 이 관념을 품었던 철학자들에 대한 구체적 언급이 수수께끼처럼 깔려 있다. 비록 각 편은 독립적인 작품들로서 나름대로 철학적 문제들을 제기하지만, 워쇼스키 형제는 분명하고 교묘한 언급들을 통해 그 선례들에 경의를 표한다. 3부작에 가장 두드러진 영향을 미친 세 가지 철학적 선례는 플라톤*의 동굴의 비유, 소크라테스**의 델포이 무녀(巫女. 오라클) 방문, 르네 데카르트의 사상이다.

플라톤의 동굴의 비유

플라톤은 〈국가 *The Republic*〉에서 한 무리의 사람들이 태어날 때부터 깊은 동굴에 갇혀 살고 있는 상황을 가상하고, 현실세계가 착각이라는 관념을 파헤친다. 그들은

---

* **플라톤**(Plato. 428?-347 B.C.?): 그리스 철학자. 소크라테스의 제자이자 형이상학의 수립자. 논리학·인식론 등에 걸쳐 광범위한 철학체계를 전개했으며, 영원불변의 개념인 이데아(Idea)를 통해 존재의 근원을 밝히려고 했다. 주요 저서는 〈소크라테스의 변명〉 등.

** **소크라테스**(Socrates. 469-399 B.C.): 고대 그리스 철학자. 철학의 중심을 자연에서 인간과 사회로 옮겨놓았으며, 새로운 앎은 자신의 부족함을 깨닫는 것으로부터 시작된다면서 스스로의 무지를 공언했다. 플라톤의 스승.

옆과 뒤를 돌아볼 수 없고 앞만 보도록 사슬에 묶여 있으며, 뒤에는 불이 타오르고 있고, 그 불 뒤에는 부분적인 벽이 있다. 그리고 벽 위의 다채로운 조각상들을 그들에게는 보이지 않는 다른 사람들이 옮기고 있다. 불 때문에 그들이 마주하고 있는 벽에는 조각상들의 그림자가 생긴다. 그들이 볼 수 있는 것은 그림자들이 전부이기 때문에 그것들이 현실세계인 줄로 착각한다. 어느 날, 한 죄수가 사슬에서 풀려나 조각상들과 불을 보고 내막을 알게 되자 그동안 실재적인 것이라고 믿었던 그림자들보다 더 실재적이란 사실을 깨닫고 그 조각상들과 불을 세상에서 가장 실재적인 것으로 간주한다. 이어 동굴을 벗어나 세상으로 올라간 그는 처음에는 햇빛 때문에 눈이 부셔 그림자들밖에는 볼 수 없었으나 차츰 반사된 모습들이 보이고, 마침내 실재하는 대상들, 즉 실재하는 꽃들, 나무들, 집들이 눈에 들어오자, 이것들이 더욱 실재적이며, 조각상들은 이것들의 모사에 불과했다는 사실을 깨닫는다. 이제 참된 실체를 완전히 파악한 그는 동굴로 돌아가 다른 사람들에게 그 지식을 가르쳐주어야 한다. 이 죄수의 경험은 몇 안 되는 인간 존재들이 겉모습들의 세상에서 벗어나 철학의 도움을 받아 세상을 참되게 인식하는 과정을 나타내는 비유다.

〈매트릭스〉에서 네오가 처음으로 현실세계를 볼 때는 일종의 동굴에서 끌려나오는 것이다. 그가 실재라고 생각했던 것은 모두 착각에 불과하다. 즉 그 모든 것은 동굴 벽의 그림자들과 흡사하고 그 그림자들을 만들었던 조각상들은 현실세계에 존재하는 사물들의 모사물에 불과했다. 동굴에서 벗어나 실체를 인식한 사람들은 되돌아가 다른 사람들을 가르칠 책무가 있다는 플라톤의 주장은 네오가 만연한 무지와 거짓 현실의 수용으로부터 인류를 구할 책임을 떠맡는 것처럼 3부작에도 해당된다.

르네 데카르트의 사상

데카르트 좌표들을 만들어내고 "나는 생각하고 있다. 고로 나는 존재한다 *cogito ergo sum*"라고 말한 데카르트는 〈제일철학에 대한 성찰 *Meditations on First Philosophy*〉(1641)에서 "내가 경험하는 세상이 사악한 악마에 의해 강요되고 있는 착각이 아니란 것을 어떻게 확신할 수 있느냐"는 문제를 제기한다. 꿈에서 보고 느끼는 것을 믿기 때문에 여전히 꿈을 꾸고 있는 것이 아니라고 말해주는 감각들을 믿을 수 없다고 추론하는 그는 세상이 존재하고 있다는 증거도 제공하지 못하는 감각들은 신뢰할 수 없으며, 그가 아는 한, 그와 나머지 세상은 모두 사악한 악마의 힘에 지배될 수 있다고 결론짓는다.

데카르트의 사악한 악마는 3부작에서는 인간에게 가상 현실을 강요하는 인공지능으로 생생하게 나타난다. 데카르트가 꿈속에서 느낀 감각들이 꿈을 현실로 믿게 만들 만큼 생생했다고 깨닫는 것처럼 매트릭스에 접속된 사람들은 그들의 감각이 실재 경험에서 생겨나는 것이 아니라 인공적으로 창조된 거짓이란 점은 전혀 모른다. 매트릭스에서 끌려나오기 전까지는 자기 삶이 가상현실인지 모르는 네오도 데카르트처럼 결국은 어떤 것도 액면 그대로 받아들이면 안 되고, 지극히 실재적인 것으로 보이는 의자 같은 사물들의 존재조차 의심해야 한다는 것을 깨닫는다.

소크라테스의 델포이 무녀 방문

델포이를 세계의 중심으로 여긴 고대 그리스인들은 아폴로 신전에 거주하는 무녀의 지혜를 존중했다. 이 무녀의 예언들은 항상 수수께끼로 제시되었다. 어느 날, 델포이의 무녀를 방문한 소크라테스가 '나는' 아는 것이 없다고 주장하자, 무녀는 그를 그리스 최고의 현자라고 선언했다. 그 말에 동의하지 않던 소크라테스는 마침내 그 속에 담긴 의미를 알아차렸다. '내가' 대부분의 세속적인 일에 무지하다는 사실을 깨닫고, 타인들보다 현명할 수 있다면 틀림없이 무지에 대한 자각에서 기인한다고 결론짓는 것. 왜냐하면, 다른 사람들은 실제로 아는 것보다 더 많이 안다는 착각에 빠져 있기 때문이다. 델포이 신전의 입구에 새겨진 "너 자신을 알라"란 말은 참된 지혜는 자신의 무지를 깨닫는 것이라고 암시한다. 네오도 소크라테스처럼 자신의 무지를 기꺼이 인정하고, 오라클은 네오가 혼란스럽고 회의적인 모습을 보여도 그와 그의 능력에 대한 믿음을 버리지 않는다.

| 3부작에 영향을 미친 영화와 문학작품들 |

영화와 문학 애호가들은 3부작에 영향을 미친 영화를 여러 편 밝혀냈다. 일부는 공상과학영화나 만화영화처럼 특정 분야의 영화를 좋아하는 사람들이 장난 삼아 고른 것들이라고 볼 수 있겠지만, 그저 우스개로만 넘길 수 없는 작품들도 있다. 이를테면, 〈오즈의 마법사 *The Wizard of Oz*〉 시리즈, 〈스타 워즈 *Star Wars*〉 시리즈, 〈에일리언 *Alien*〉 시리즈, 〈멘 인 블랙 *Men in Black*〉 시리즈, 〈터미네이터 *Terminator*〉 시리즈, 〈트루먼 쇼 *The Truman Show*〉 등이다. 3부작에 깊은 영향을 준 문학 작품은 조지 오웰*의 〈1984년 *1984*〉, 쥘 베른**의 〈해저 3만 리 *Twenty Thousand Miles under the Sea*〉, 윌리엄 깁슨***의 〈뉴로

---

* **조지 오웰**(George Orwell. 1903-50): 영국 소설가, 산문작가. 본명은 에릭 블레어(Eric A. Blair). 절대 권력은 부패하고 인간성의 말살을 초래한다면서 제국주의의 한계와 모순을 신랄하게 비판했다. 주요 작품은 〈동물농장〉 등.

** **쥘 베른**(Jules Verne. 1828-1905): 프랑스 소설가이자, 근대 공상과학소설의 선구자. 주요 작품은 〈80일간의 세계일주〉 등.

*** **윌리엄 깁슨**(William Gibson. 1948-): 미국계 캐나다 소설가. 21세기의 암울한 사회상을 컴퓨터 해커, 좀도둑 등을 통해 보여줌. 대표작 〈뉴로맨서〉(1984)에서 cybernetics(인공두뇌학)와 space(공간)의 합성어 'cyberspace'를 최초로 사용.

맨서 *Neuromancer*〉, 올더스 헉슬리*의 〈인지(認知)의 문 *The Doors of Perception*〉 등이다. 〈매트릭스〉는 〈이상한 나라의 앨리스 *Alice in Wonderland*〉를 명시적으로 원용하고, 중심 사건이 하얀 토끼에서부터 시작된다.

| 신앙과 종교 |

1999년 부활주간 주말에 개봉된 〈매트릭스〉는 네오와 그리스도가 부활한다는 점에서 유사한 인물이라고 암시한다. 3부작에서 네오는 선택된 사람이자 인류를 구원하기 위해 이 세상에 보내진 메시아, 즉 그리스도를 가리키는 '그 사람'으로 언급된다. 기독교와 연관된 영화는 많은데, 3부작은 기독교 신앙에 대한 우의(寓意)이자 네오는 현대판 그리스도이다. 그러나 이 같은 해석은 3부작에 담긴 상징주의와 참고 분야들을 해석하는 한 가지 방편에 불과하다. 그밖에 동양 종교들의 요소들도 널리 참고했으나 하나의 일관된 우의로 발전하지는 않았으며, 대부분은 빠르게 나타났다 사라진다. 그러나 자주 끼어드는 좀더 상세한 정신적 얼개를 꼽는다면 영지주의(靈智主義)와 불교다.

---

* **올더스 헉슬리**(Aldous Huxley. 1894-1963): 영국 소설가, 시인, 극작가. 고도로 발달된 과학기술과 기계문명이 가져올 끔찍한 미래상을 그린 작품들을 통해 인류의 경각심을 불러일으킴. 주요 작품은 〈멋진 신세계〉 등.

영지주의/그노시스주의(Gnosticism)

　네오는 틀림없이 구세주 같은 인물이지만, 가장 닮은 구세주는 기독교의 메시아가 아니다. 기독교 신자들은 그리스도가 죽음과 부활을 통해 인류를 원죄에서 구원한 죄 없는 인간이라고 믿는다. 유대-기독교의(Judeo-Christian) 성서는 인간의 원죄를 이브와 금단의 열매 신화까지 거슬러 추적하며, 하나님에 대한 이브의 불순명(不順命)이 원죄의 근원이라고 지적했다. 그러나 〈매트릭스〉에서 인간의 문제는 원죄가 아니라 무지이며, 인간은 착각들로부터 해방되어야 하는 것이지 반드시 구원될 필요는 없다. 게다가 다른 사람들의 원죄보다는 자신의 정체성을 받아들이지 못하는 원죄 때문에 죽는 네오는 온갖 물리적 욕구를 지닌 매우 인간적인 존재이며, 자신에게 닥친 문제를 믿을 수 없을 만큼 폭력적으로 처리한다. 그리고 인류가 매트릭스의 거짓된 그물에 갇힌 채 보존되기보다는 말살을 각오로 진실을 밝히는 것이 그의 목표이기 때문에 구세주라기보다는 해방자이며, 이런 점에서 영지주의적인 그리스도라고 볼 수 있다.

　뚜렷한 신념에 따른 독립적 파당이 아니라 느슨하게 연결된 종교적 반체제주의자인 영지주의자들은 역사상 여러 시기에 다양한 종파들에서 나타났다. 〈매트릭스〉와 〈매트릭스 2〉의 비유들을 보면, 원래 기독교 교회의 한 갈래였던 영지주의자들의 근본 믿음이 기독교 신자들의 그것과 어떻게 다른지 알 수 있다. 영지주의자들은 그들만이 그리스도의 전언을 제대로 이해하고, 깨달음에 도달한 소수라고 믿는다. 영지주의란 명칭은 지식을 뜻하는 그리스어 '그노시스(gnosis)'에서 파생되었다. 영지주의자들에게는 지식이 영성(靈性)의 진정한 토대다. 따라서 맹목적 신앙보다는 지식과 지식에 대한 끝없는 탐구가 개인을 해방시키고 세상에 얽매인 자연 상태로부터 벗어나도록 도와준다고 믿는다. 사실, 초기 영지주의 종파들은 아담과 이브에게 지식을 전하고 완전히 인간이 되게 해준 뱀을 숭배했다. 네오는 자신을 알게 됨으로써 해방자가 되며, 전능하고 알 수 없는 하나님보다는 자신에 대한 믿음을 발견한다. 오라클의 집에 걸린 현판에는 "너 자신을 알라"라고 씌어 있고, 마침내 네오는 자신을 알게 된 것이다.

영지주의의 하나님은 두 차원에서 작용한다. 지고지상(至高至上)의 하나님(Supreme God)은 전지전능하지만 인간사에는 아무런 관심이 없고, 인간으로서는 도저히 알 수 없는 존재이기 때문에 인간사와는 무관하다. 선한 하나님께서는 악한 물질세계를 창조할 수 없다는 논리에서 나타난 좀더 수준이 낮은 창조주 하나님(Creator God)은 지고지상의 하나님에 의해 직접 창조된 동정녀의 아들로 실존하며, 천지를 빚었다. 영지주의자들의 창조주 하나님은 '공공의 장인(匠人)'을 뜻하는 그리스어 데미우르게(Demiurge.

조물주)로 불리고, 3부작의 건축가에 해당한다. 스스로 진
정한 창조자라고 생각하며 오만하고 율법과 처벌에 집착
할 뿐 동정심을 비롯한 인간적 감정은 전혀 없이 사악한 데
미우르게의 논리는 종종 엄청난 자연 재앙이나 대량학살을
낳는다. 〈매트릭스〉는 현실세계의 고난이 더없이 행복한 무
지 상태보다 낫다고 가정하는데, 이 같은 관념은 영지주의
적인 삶과 완벽하게 맞아떨어진다. 맹목적인 신앙보다는 지
식이 우세하다는 것. 이러한 맹목성의 극복은 〈매트릭스 3〉
에서 베인/스미스가 네오의 눈에 화상을 입혀 앞을 보지 못
하게 만드는 장면에서 분명히 제시된다.

영지주의자들은 선택된 소수자들 몸속에는 창조주 하
나님의 딸인 거룩한 동정녀의 흔적들이 남아 있다면서, 자
신의 자아, 자신의 세계, 자신의 영적 본질을 깨닫게 되면
근원적인 정신의 거룩한 불꽃을 드러낼 수 있다고 믿는다.
〈매트릭스〉가 끝나갈 무렵, 마치 불타는 듯한 네오의 모습
은 기독교의 부활 이야기와 영지주의 신학을 모두 반향하
는 장면이다. 자아를 아는 것이 바로 참된 신앙이라는 것.

불교

매트릭스 자체는 산스크리트어 samsara, 즉 윤회(輪廻)
와 유사하다. '옮겨진다, 다시 태어난다'는 뜻의 samsara
는 재생의 전 과정―발전하고, 정점에 도달하고, 붕괴하고,

소멸하고, 이어 마침내 다른 세상들에 의해 대체되는 돌고 도는 세상들—을 뜻한다. 일부 불교도들은 이런 숙명과 끊임없는 고뇌의 굴레에서 벗어나는 것이 목표이고, 그것이 가능하다고 믿는다. 자유로워진 사람들은 그들이 처한 상태는 모두 자신들의 행위에 의한 결과라는 의미를 지닌 karma(업보)를 받아들이는 경향이 짙다. 그들의 상황은 스스로 만들어진 것이고, 이런 관념은 선택의 중요성을 강조한다. karma는 인간에게 내세를 직접 형성할 수 있게 해준다. 이 세상에서 선업(善業)을 쌓기로 선택한 사람들은 현세와 내세의 삶에 좀더 만족할 테지만, 악행을 선택한 사람들은 응당한 대가를 받을 것이다. 석가모니의 사성제(四聖諦)는 삶이 고통임을 암시하며, 〈매트릭스〉에서도 뒷받침하는 관념이다. 불교도들은 호되게 묵상하고, 마음을 다스리며 신앙을 실천한다. 모피어스는 율법에서 벗어나 마음을 해방시키고 잠재력을 깨닫는 프로그램들로 네오를 훈련시킨다. 그 훈련의 의도는 손쉽게 다운로드하면 되는 새로운 기량의 전수가 아니라, 규칙들의 속박에서 해방시켜 세상의 허식들로부터 자유롭게 해주려는 것이다.

이러한 믿음들에 대한 가장 쉽고 대중적인 설명은 오라클의 집 대기실에서 어린 수행자가 들려주는 숟가락 이야기다. 기독교의 신앙 체계들과 특히 반대되는 이 이야기는 자아를 논리적 정신으로부터 해방시켜 '불성(佛性)'에 들어간다는 선불교의 오래된 화두(話頭)를 가리킨다.

절간의 당간(幢竿)에 세워진 깃대 끝에 걸린 깃발이 바람에 펄럭거리고 있었다. 한 승려가 깃발이 움직인다고 말하자, 다른 승려가 움직이는 것은 바람이라고 반박했다. 그들은 머리를 짜내 시시비비를 가리려고 했으나 결론에 이르지 못하자 마침 그곳을 지나던 선사(禪師)에게 어느 것이 움직이는지 물었고, '움직이는 것은 깃발도 바람도 아니고, 그대들의 마음'이라는 답이 돌아왔다.

오라클이 네오에게 의사놀이 하듯 장난스럽고 어설프게 검진하는 행동에도 신화적 특징이 담겨 있다. 달라이라마의 환생이 몸에 난 표시들로 증명된다고 믿는 불교 종파도 있기 때문이다.

3부작은 동양 종교들의 일부 가르침은 박식하게 언급하는가 하면, 일부는 무시하거나 반박한다. 부처의 가르침을 제대로 실천하는 불자라면 서슴없이 자동소총을 난사하지는 않을 것이다. 마찬가지로, 모피어스는 네오에게 요원들은 적일 뿐만 아니라 매트릭스 안의 누구로도 변할 수 있기 때문에 모든 사람이 잠재적인 적이라고 말하지만, 선을 행하는 참된 불자에게는 적이 없다.

3부작의 근간은 어느 한 종교나 영적 수행이 아니다. 많은 종교의 부분들이 융합되어 이 영화들을 심오하고 풍성하게 만드는 관념들과 참고 내용들의 조각보인 것이다.

| 시각 효과 |

〈매트릭스〉의 시각 효과에서는 비디오 게임 문화와 만화, 특히 일본 만화영화의 전통들에 대한 형제 감독들의 사랑이 분명히 드러난다. 이 같은 양식적인 요소로는 화면의 틀, 조명의 특정한 양상들, 그리고 강렬한 폭력성 등을 꼽을 수 있다. 그리고 3부작에는 어지러울 만큼 다양한 철학과 종교를 끌어왔지만, 공상과학영화와 액션 영화의 관례들도 인간이 사회적 · 문화적 · 개인적 맥락에서 경험하는 심각한 의문들을 순수 오락과 결합시킨다.

3부작을 유명하게 만든 '총알-시간' 효과는 시간을 멈춰 사건을 여러 방면에서 볼 수 있게 하면서 관객에게 시각적으로 전지전능한 느낌을 갖게 해준다. 즉 가장 획기적인 사건들을 느린 동작으로 여러 관점에서 관망하는 호사를 경험하는 관객들에게 등장인물들뿐만 아니라 영화에서 전개되는 시간적 세계에 대한 우월감도 주는 것이다. 등장인물들의 행동은 비현실적으로 빠르고 강력한데, 이 같은 방법은 너무 빠른 속도로 관객의 눈을 멀게 하거나 혼란을 주려는 것이 아니라 관객들도 초인적인 힘을 발휘하고 있다는 기분을 갖게 해준다.

미장센(mise-en-scéne. 영화의 물리적 주변 환경)은 3부작 전체에서 강력한 은유를 드러낸다. 수많은 칸막이로 구분된 토머스 앤더슨의 사무실은 매트릭스의 숨 막히는 통제체계를 상징하며, 시각적으로는 네오가 〈매트릭스〉의 끝에서 마침내 보게 되는 매트릭스의 날줄과 씨줄로 엮인 그물 같은 부호를 나타낸다. 원통처럼 생긴 시온의 형태는 공동체적 본질을 강조하고, 기계도시의 어두운 환경은 무엇이라도 내뿜을 것 같은 이상하고 거대한 존재를 암시한다. 느브갓네살 호의 추운 방들과 전선이 뒤얽힌 갑판들은 승무원들이 안정적인 삶을 누리지 못한다는 것을 강조한다.

끝으로 〈매트릭스〉의 세계는 초고속 세상이기 때문에 매혹적이다. 장면들은 현란할 정도로 빨리 바뀐다. 여러 대의 카메라가 지상에서 하늘로 이동하며 벽과 유리창을 꿰뚫고 모든 각도에서 장면을 잡아낸다. 컴퓨터 키를 한 번 누르면 수천 정의 총이 순식간에 나타난다. 놀라운 무술 솜씨는 긴 과정을 거치며 수련되는 대신 순식간에 다운로드되고, 철학적 관념들은 암시되고 가볍게 인용될 뿐 자세하고 지루하게 발전되지 않는다. 만화책들은 시간이 흐르며 깊이와 폭을 더해가는 연재와 복합적인 줄거리를 강조하는 경향이 있지만, 건성건성 넘길 수 있고 새로운 이야기를 갑자기 시작할 수도 있다. 만화가 지닌 빠르고 짤막하고 덧없는 정신은 모든 수준에서 3부작의 제작 철학과 어울린다.

다음은 주요 인용구 해설입니다.

1. 트리니티: 당신도 예전의 나처럼 문제가 뭔지 알고 있어요.

   네오: 매트릭스가 뭐죠?

   트리니티: 대답은 어딘가에 있어요, 네오. 그것은 당신을 찾고 있으며, 만약 그것이 당신을 찾아주기를 바란다면 그것은 당신을 찾을 거예요.

   — 〈매트릭스〉. "고트" 클럽에서 트리니티와 네오가 주고받는 대화. 아직 모피어스를 만나기 이전인 네오는 매트릭스가 무엇인지 모르고 있다. 이 대화에서부터 네오의 모험이 시작되고, 머잖아 매트릭스가 자신을 찾도록 만들기로 작정하며, 그가 이 난제의 답을 찾고 이해하기를 기대한 사람이 여럿이라는 것을 알게 된다.

   처음부터 이 영화는 우리가 현실세계에 마음을 열 수 있다면 그것이 하나 이상 존재한다는 점을 암시한다. 트리니티는 네오가 또 하나의 세계를 피할 수 없으며, 그가 찾는 방법을 안다면 그 세계가 그에게 열려 있다고 암시한다. 트리니티의 끝 문장은 3부작에서 반복적으로 나타날 숙명과 선택 사이에서 펼쳐질 긴장을 예고한다.

   이 대화 이후부터 네오는 트리니티가 언급하는 난해한 답을 찾도록 선택된 사람이 되고, 아무런 설명을 듣지 못한 채 이상한 세계로 떠밀려 들어가도 전혀 놀라는 것 같지 않다.

즉 트리니티가 문제를 언급하자 곧바로 그 문제가 무엇인지 알아차린다. 토머스 앤더슨 같은 보통사람이 일상적인 삶에서 대답을 찾도록 선택될 수 있다는 사실은 어느 관객이든 구세주로 선택될 수 있다는 암시다.

2. **모피어스: 파란 알약을 고르면 이야기는 끝나고, 자네는 자네 침대에서 잠이 깰 것이며 무엇이든 믿고 싶은 대로 믿게 될 걸세. 그리고 빨간 알약을 먹고 이상한 나라에 남게 되면, 내가 토끼 굴이 얼마나 깊은지 보여주겠네.**

    — 〈매트릭스〉. 네오는 자신에게 무슨 일이 벌어지고 있는지 전혀 모른 채 매트릭스 안에 있는 어느 버려진 건물의 빈 방에서 신비스럽고 위압적인 모피어스를 만난다. 시간이 쫓기는 모피어스는 네오에게 빨간 알약과 파란 알약을 내밀며 선택을 요구한다. 파란 알약을 선택하면 네오는 자신의 이야기를 계속 통제할 수는 있지만, 그 이야기의 바탕은 결코 진실이 아닐 것이다. 빨간 알약을 선택하면 그로서는 이해할 근거가 전혀 없는 세계로 곤두박질칠 것이다. 물론, 네오가 빨간 알약을 선택하면서 3부작은 시작된다. 두 사람이 만나는 순간은 넝화와 네오의 삶에서 중대한 전환점이 되고, 이 결정 이후에는 네오의 삶이 이전과 완전히 달라진다.

    '이상한 나라(wonderland)'와 '토끼 굴(rabbit hole)'의 출처는 루이스 캐럴의 〈이상한 나라의 앨리스〉이다. 이 우화의 서두에서 앨리스는 하얀 토끼를 쫓아 깊은 토끼 굴에 들어가면서 통상의 물리법칙들이 적용되지 않는 이상하고 새로운 세상과 맞닥뜨리며 체구를 바꾸면서 매트릭스 안으로 들어간 네오처럼 실체의 법칙들을 편리하게 바꾸고 위반한다. 네오에게 거울이 그렇듯 앨리스에게 토끼 굴은 한 세상에서 다른 세상으로 들어가는 전이를 나타낸다.

3. 어린 수도승: 숟가락을 구부리려고 애쓰지 마세요, 그건 불가능해
요. 대신, 오로지 진실을 깨달으려고 해보세요.
네오: 무슨 진실?
어린 수도승: 숟가락은 존재하지 않는다는 것.

— 〈매트릭스〉. 오라클을 만나러 간 네오는 거실에서 어린
수도승이 응시만으로 숟가락을 구부리는 광경을 보게 된다.
소년은 그 비결을 알고 싶어 다가간 네오에게 숟가락을 구
부리려면 반드시 마음을 구부려야 한다고 말한다. 매트릭스
에서는 숟가락은 존재하지 않는다. 즉 네오의 뇌에 숟가락을
보고 있다고 말해 주는 것은 코드 혹은 프로그램일 뿐이다.
반면, 네오의 정신은 엄연히 존재한다. 그가 눈앞에서 보는
것은 숟가락이 아니라 뇌가 숟가락이라고 꾸며낸 관념, 즉
인식이다. 그는 인식을 바꿈으로써 실체를 바꿀 수 있다.

네오는 매트릭스의 규칙들을 깨트릴 수 있는 능력에 점
점 자신감이 생기면서 이 대화를 떠올린다. 그로서는 그가
깨는 규칙들이 실재하는 것이 아니란 점만 명심하면 된다.
숟가락이 존재하지 않듯, 중력도 시간도 존재하지 않는다.
그런 것들은 모두 기계들이 그의 뇌에 주입하는 거짓말이다.
가령, 네오는 중력이 거짓 개념이란 것을 알기 때문에 공중
을 날 수 있고, 일단 '숟가락이 존재하지 않는다'는 것을 이
해하면서 매트릭스에서 더욱더 강해진다.

4. 세러프: 사람 속을 제대로 알려면 싸워봐야 하는 법.

— 〈매트릭스 2〉. 오라클은 미래의 진로에 대해 중대한 지
침을 건네기 위해 네오를 시온에서 불러낸다. 오라클을 찾아
간 네오 앞에 나타난 세러프는 다짜고짜 싸움을 걸고, 이어
위의 인용구로 자신의 공격을 설명한다. 이 말은 싸움이 전
투일 뿐만 아니라 거의 깨달음의 영적 과정이기도 하다는 3

부작의 철학적 주제를 암시한다. 따라서 이 영화에서 싸움은 더욱 정신적인 수준으로 고양된다. 세러프의 말은 그 어조로 인해 심오하고 더 나아가 신성하게까지 느껴진다. 어떤 의미에서 세러프는 이 말에 그 같은 무게를 부여함으로써 3부작에서 벌어지는 그 많은 싸움들을 정당화하고 있다. 즉 액션 영화에 당연히 등장하는 단순한 싸움이 아니라 좀더 고귀한 목표가 있다는 것을 암시하면서, 스미스와 네오가 벌이는 많은 싸움을 달리 보게 만드는 것.

5. **스미스 요원: 넌 이기지 못해, 계속 싸워봐야 아무 소용없다! 미스터 앤더슨, 도대체 왜? 무엇 때문에 버티는 거지?**
    네오: 그러기로 선택했기 때문이야.

    ─ 〈매트릭스 3〉. 네오와 스미스가 최후의 대결을 벌이면서 나누는 대화. 이제 매트릭스에는 복제된 스미스들뿐인데, 이 대목에서 네오와 싸우는 스미스는 한때 오라클이었다. 피투성이인 네오와 스미스/오라클은 하늘에서 싸우다가 함께 지상에 떨어진 충격으로 파였던 거대한 구덩이 속으로 떨어진다. 스미스가 네오를 해치웠다고 생각하고 있을 때, 네오가 다시 일어나 싸움이 계속된다. 〈매트릭스〉에서 스미스는 네오에게 거의 파괴되었을 때 네오의 힘을 일부 흡수한 적이 있으나 인간이 된다는 것이 무슨 의미인지 충분히 이해할 능력은 흡수하지 못했다. 그 결과, 사랑, 자유, 진리 등을 이해하지 못하기 때문에 그것들이 짧고 속절없는 삶을 견디는 데 보탬이 되도록 하기 위해 인간이 만들어낸 것이라고 멸시한다. 매트릭스를 파괴했고, 그 안에 있는 모든 사람을 자기로 복제한 스미스는 네오가 트리니티의 죽음과 시온의 침공 사실을 알고 있으면서도 포기하지 않는 이유를 이해할 수 없고, 네오의 대답에 화가 치밀 뿐이다.

네오는 모피어스를 처음 만난 자리에서 숙명을 믿지 않고 ‘나의’ 삶을 통제하고 싶다고 말했다. 여기서 사랑하는 모든 것이 파괴되었음도 불구하고 버티기로 선택했기 때문에 계속 싸우겠다는 말은 네오가 선택할 권리를 포기하지 않기 위해 싸운다는 뜻이다. 네오는 자유와 선택 능력이 매트릭스에 접속되면 얻어지는 더없이 행복한 무지 상태보다 낫다는 것을 알고 있다.

〈매트릭스〉에서 빨간 알약과 파란 알약 가운데 하나를 골라야 하는 그의 첫 번째 선택은 참된 자유의지를 처음 경험한 계기였고, 계속 싸우겠다는 마지막 선택은 첫 선택을 끝까지 관철시켰다는 암시다. 빨간 알약을 선택했을 때는 자유의지를 찾기로 선택한 것이라면, 여기서는 자신의 소명을 완수하기 위해 자유의지를 실제로 받아들이고 발휘하는 것이다.

제목: 매트릭스 *The Matrix*(1999)

매트릭스 리로디드 *The Matrix Reloaded*(2003)

매트릭스 레볼루션 *The Matrix Revolutions*(2003)

감독: 워쇼스키 형제 Andy Wachowski and Larry Wachowski

주연 배우: 키아누 리브스 Keanu Reeves, 로렌스 휘시번 Laurence Fishburne, 캐리-앤 모스 Carrie-Ann Moss, 휴고 위빙 Hugo Weaving

작품 형태: 영화

장르: 공상과학

언어: 영어

제작 시기와 장소

● 〈매트릭스〉: 1998년, 3-8월, 호주 시드니 〈매트릭스 2〉, 〈매트릭스 3〉: 2001년, 봄-2002년, 겨울. 호주 시드니, 캘리포니아 주 오클랜드와 알라메다

개봉일

● 〈매트릭스〉: 1999. 3. 31 〈매트릭스 2〉: 2003. 5. 15
  〈매트릭스 3〉: 2003. 11. 5

제작자: 조엘 실버 Joel Silver

배경(시간): 1999년과 2199년경

배경(장소): 매트릭스의 무명의 도시들, 폐허가 된 현실세계, 지하의 인간도시(시온), 기계도시

주인공: 네오(또는 토머스 A. 앤더슨 또는 '그 사람')

주된 갈등: 네오는 '그 사람'으로서의 역할을 받아들이면서 시온을 구하고 인간의 정신을 해방시키기 위해 싸움을 펼쳐 나가려면 자신에 대한 확신을 발견해야 한다.

상승: 요원들이 모피어스를 체포하고 시온의 안전을 위협할 때, 네오는 모피어스를 구출하기 위해 모든 위험을 무릅쓰고 자신에 대해 확신하면서 매트릭스로 다시 들어가는 쪽을 선택해야 한다.

클라이맥스: 모피어스를 구출한 네오가 스미스와 마지막 대결을 펼치는데, 처음에는 네오가 이기는 것 같지만 어디선가 나타난 스미스에게 죽음을 당한다. 이어 트리니티의 입맞춤으로 소생한 네오는 '그 사람'이라고 믿게 되면서 스미스를 물리친다.

하강(下降. 클라이맥스 다음 이야기): 〈매트릭스〉의 끝부분에서 '그 사람'으로서의 역할을 완전히 받아들인 네오는 비로소 2편과 3편에서 시온과 인간을 해방시키려는 승무원들을 이끌게 된다.

주제: 인간과 기계 사이의 모호해진 경계; 매트릭스와 현실 세계에서의 숙명 vs. 자유의지; 육체, 뇌, 정신의 관계

모티프: 성적 능력과 육욕; 색안경, 눈, 거울; 성서에 얽힌 언급

상징: 시온; 매트릭스의 초록색; 3/ 트리니티

전조: 플롯의 구조, 등장인물들의 말, 시각체계 속에 깊숙이 박혀 있는데, 이를테면, 오라클의 한 마디 한 마디 또는 매트릭스의 이전 주기들에 대해 네오가 습득하는 모든 정보는 미래의 사건을 미리 보여준다.

다음 질문에 알맞은 답을 고르시오.

1. 과거에 '그 사람'이었던 인물은?
   A. 건축가
   B. 열쇠제작자
   C. 메로빈지언
   D. 세러프

2. 3부작에서 암시되는 종교는?
   A. 불교
   B. 영지주의
   C. 기독교
   D. 셋 모두

3. 네오는 처음에 느브갓네살 호와 어떻게 접촉하는가?
   A. 하얀 토끼를 통해
   B. 집에 있는 컴퓨터를 통해
   C. 직장에서 휴대전화기를 통해
   D. 공중전화 부스를 통해

4. 네오를 만날 때마다 집요하게 '미스터 앤더슨'이라고 부르는 인물은?
   A. 스미스 요원
   B. 오라클
   C. 사이퍼
   D. 로크 사령관

5. 〈매트릭스〉에서 트리니티는 죽은 네오를 어떻게 되살리는가?

A. 매트릭스로 들어가 스미스 요원을 물리친다.

B. 느브갓네살 호에서 네오에게 심폐소생술을 시행한다.

C. 입맞춤을 한다.

D. 모피어스에게 도움을 청한다.

6. 〈매트릭스 2〉에서 네오는 죽은 트리니티를 어떻게 되살리는가?

A. 그녀의 몸 안에 손을 넣어 심장을 주무른다.

B. 그녀의 몸에서 총알을 꺼낸다.

C. 그녀를 요원들의 네트워크에 끼워넣는다.

D. 사실, 트리니티는 죽지 않았다.

7. 오라클의 거실 벽에 걸린 라틴어 격언의 뜻은?

A. 지혜는 침묵이다.

B. 너 자신을 알라.

C. 만사가 헛되고 헛되다.

D. 성부와 성자와 성신

8. 모피어스, 트리니티, 네오가 메로빈지언을 찾아가는 이유는?

A. 오라클에 관해 물어보기 위해

B. 요원들의 처리를 도와달라고 부탁하기 위해

C. 열쇠제작자를 석방해 달라고 부탁하기 위해

D. 트레인맨을 놓고 거래하기 위해

9. 스미스 요원은 어느 승무원의 몸을 차지하는가?

A. 탱크

B. 베인

C. 링크

D. 사이퍼

10. 〈매트릭스〉에서 모피어스를 놓고 스미스 요원과 거래하는 승무원
은?

   A. 브라운 요원

   B. 마우스

   C. 오라클

   D. 사이퍼

11. 〈매트릭스〉에서 탱크가 모피어스에게 연결된 플러그를 뽑으려는
이유는?

   A. 오라클에 관해 거짓말을 했기 때문에

   B. 시온을 보호하기 위해

   C. 에이포크의 죽음을 복수하기 위해

   D. 죽여 달라고 부탁하기 때문에

12. 해방된 인간들이 매트릭스를 벗어나 현실세계로 돌아가는 방법은?

   A. 공중전화 부스를 통해

   B. 휴대전화기를 통해

   C. 지하철을 통해

   D. 모뎀을 통해

13. 〈매트릭스 2〉의 시작 부분에서 스미스 요원이 네오에게 보낸 소포
에 들어 있는 것은?

   A. 스미스 요원의 색안경

   B. 휴대전화기

   C. 토머스 앤더슨 파일의 복사본들

   D. 스미스 요원의 리시버

14. 모피어스, 트리니티, 네오에게 열쇠제작자를 넘겨주는 인물은?

A. 메로빈지언

B. 유령쌍둥이

C. 페르세포네

D. 스미스 요원

15. 〈매트릭스 3〉의 마지막 부분에서 시온으로 귀환하는 해머 호를 조종하는 인물은?

A. 롤런드

B. 나이오비

C. 모피어스

D. 셋 다 아님

16. 매트릭스의 창조자는?

A. 스미스 요원

B. 오라클

C. 건축가

D. 열쇠제작자

17. 시온에서 열린 첫 의회의 연설자들은?

A. 하만 위원과 모피어스

B. 로크와 나이오비

C. 하만 위원, 로크, 나이오비, 모피어스

D. 모피어스와 네오

18. 시온의 위치는?

A. 매트릭스 안

B. 지구 중심 부근

C. 기계도시 바로 밑

D. 셋 다 아님

19. 대략 기계가 현실세계를 유린한 해는?

A. 1999

B. 2199

C. 2060

D. 5416

20. 〈매트릭스 2〉에서 네오가 반복적으로 보는 환상은?

A. 트리니티가 총을 쏘며 공중에서 추락하는 모습

B. 신비스런 어두운 땅에 놓인 세 가닥의 거대한 전선

C. 모피어스와 오라클이 비웃는 모습

D. 루푸스의 시간여행 공중전화 부스

21. 〈매트릭스 3〉에서 네오가 반복적으로 보는 환상은?

A. 트리니티가 총을 쏘며 공중에서 추락하는 모습

B. 신비스런 어두운 땅에 가설된 세 가닥의 거대한 전선

C. 모피어스와 오라클이 비웃는 모습

D. 속도를 늦추면 폭발하는 도시의 시내버스

22. 〈매트릭스〉에서 네오가 되살아난 이후에 벌어지는 일은?

A. 시온이 센티넬들의 습격에서 구원된다.

B. 유술의 고수가 된다.

C. 트리니티가 사랑을 고백한다.

D. 매트릭스 프로그램의 암호를 볼 수 있게 된다.

23. 세러프가 처음 만난 네오에게 싸움을 거는 이유는?

A. 세러프가 실제로는 변장한 스미스 요원이기 때문에

B. 세러프가 메로빈지언을 보호하고 있기 때문에

C. 네오가 정말로 '그 사람'인지 확인하기 위해

D. 오라클이 세러프의 수동적 공격 기질을 예언했기 때문에

24. 사티를 보호해 주기로 동의한 인물은?

A. 오라클

B. 트리니티

C. 트레인맨

D. 세러프

25. 지구를 차지한 기계들은 인간을 어떤 용도로 이용하는가?

A. 육체노동

B. 에너지

C. 실험

D. 가라오케

정답 |

1. C 2. D 3. B 4. A 5. C 6. A 7. B 8. C 9. B 10. D

11. B 12. A 13. D 14. C 15. B 16. C 17. A 18. B 19. B 20. A

21. B 22. D 23. C 24. A 25. B

미국에서 1억부 이상 판매된 기적의 논술가이드
클리프노트가 한국에 상륙했다!!

방대한 고전을 하루만에 독파하는 스피드
다락원 명작노트 **CliffsNotes™** 시리즈는

▶ 미국대학위원회, 서울대, 연·고대 추천 고전을 알기 쉽게 재구성한 대한민국 대표 논술교과서입니다. ▶ 작품의 핵심내용과 사상, 역사적 배경, 심볼, 작가의 의도 등을 명확하게 정리하여 방대한 원작을 쉽고 빠르게 이해할 수 있게 해줍니다. ▶ 미국에서 리포트, 논술용으로 1억 부 이상 팔린 초베스트셀러의 명성에 비평적 사고와 논리적 글쓰기의 모델을 제시하는 〈一以貫之〉의 논술 노트를 통해 사고 능력, 읽기 능력, 쓰기 능력을 체계적으로 길러줍니다.

★ 〈一以貫之〉 논술연구모임: 대입 논술이 시작될 때부터 학원과 학교에서 논술을 가르쳐온 전문가들의 모임입니다. 현재 서울·분당·평촌·인천·광주·부산·울산 등의 유명 학원과 고등학교의 논술강의 현장에서 학생들이 '자신의 물음'과 '자신의 생각'을 갖고 '자신의 글'을 쓸 수 있도록 도와주고 있습니다.

다락원 명작노트 **CliffsNotes™** 시리즈 50권 출간

001 걸리버 여행기   002 동물농장   003 허클베리 핀의 모험   004 호밀밭의 파수꾼   005 구약 성서

006 신약 성서   007 분노의 포도   008 빌러비드   009 이반 데니소비치의 하루   010 카라마조프 가의 형제들

011 순수의 시대   012 안나 카레니나   013 멋진 신세계   014 캉디드   015 캔터베리 이야기   016 죄와 벌

017 크루서블   018 몽테크리스토 백작   019 데이비드 코퍼필드   020 프랑켄슈타인   021 신곡

022 막대한 유산   023 햄릿   024 어둠의 심연 外   025 일리아드   026 진지함의 중요성   027 제인 에어

028 앵무새 죽이기   029 리어 왕   030 파리대왕   031 맥베스   032 보바리 부인   033 모비딕

034 오디세이   035 노인과 바다   036 오셀로   037 젊은 예술가의 초상   038 주홍 글씨   039 테스

040 월든   041 워더링 하이츠   042 레미제라블   043 오만과 편견   044 올리버 트위스트   045 돈키호테

046 1984년   047 이방인   048 율리시스   049 실낙원   050 위대한 개츠비

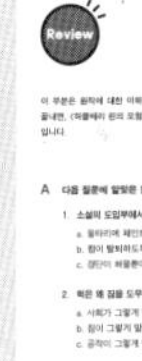

작가 노트 | 작가에 대해 꼭 알아야 할 배경지식이 담겨 있습니다.

작품 노트 | 작품의 개요, 전체 줄거리, 등장인물 등 작품 전반을 이해하는 데 필수적인 부분을 실어 놓았습니다.

Chapter별 정리 노트 | 각 장의 '줄거리'와 '풀어보기'가 들어 있습니다. '줄거리'에서는 원작의 내용을 명쾌하게 파악할 수 있습니다. '풀어보기'에서는 원작에 담긴 문학적 경향, 주제, 상징 등을 다루었습니다.

인물분석 노트 | 등장인물에 대한 보다 면밀한 분석이 들어 있습니다.

마무리 노트 | 작품의 주제 등 보다 넓은 시각에서 작품을 볼 수 있도록 도와줍니다.

Review | 작품 이해도를 묻는 질문 코너입니다. 다양한 질문에 답하다 보면 작품에 대한 포괄적이고 의미 있는 파악이 가능해집니다

一以貫之 논술 노트 | 권말에는 일이관지 논술연구모임에서 작성한 해당 작품과 관련한 논술 노트가 실려 있습니다. 원작을 우리의 삶과 연계시켜 비판적 사고와 논리적 글쓰기의 방향을 제시합니다.

실전 연습문제 | 해당 작품을 바탕으로 출제 가능성이 높은 논점을 함께 숙고해 봅니다.

★ 변형 국판 ★ 각권 8,500원

영어 독해력 증강 프로그램
행복한 명작 읽기

〈행복한 명작 읽기〉는 기초가 약한 영어 초급자나 초, 중, 고 학생들이 보다 즐겁고 효과적으로 명작들을 읽으며 독해력을 키울 수 있도록 개발된 독해력 증강 프로그램입니다.

책의 특징

1 골라 읽는 재미가 있다. 초보자를 위한 350단어 수준에서 중고급자를 위한 1,000단어 수준까지 5단계 구성.

2 단계별로 효과적인 영어 읽기 요령과 영문 고유의 참맛을 느낄 수 있는 장치가 곳곳에.

3 읽기만 해도 영어의 키가 쑥쑥 - 해석을 돕는 돼지꼬리(↶), 영어표현 및 문법 설명, 퀴즈가 왕창.

4 체계적인 듣기 학습까지. 전문 미국 성우들의 생동감 넘치는 원음을 담은 오디오 CD 제공.

✖ 왕초보 기초다지기 ✖

쉬운 영문을 통해 영어 독해에 대한 막연한 두려움을 없앤다.

Grade 1   Beginner   350 words

1 미녀와 야수
2 인어공주
3 크리스마스 이야기
4 성냥팔이 소녀 외
5 성경 이야기 1
6 신데렐라
7 정글북
8 하이디
9 아라비안 나이트
10 톰 아저씨의 오두막

Grade 2   Elementary   450 words

11 이솝 이야기
12 큰 바위 얼굴
13 빨간머리 앤
14 플랜더스의 개
15 키다리 아저씨
16 성경 이야기 2
17 피터팬
18 행복한 왕자 외
19 몽테크리스토 백작
20 별 | 마지막 수업

국판 | **Grade 1, 2, 3 각권 6,000원**
(오디오 CD 1개 포함)

Grade 4, 5 각권 7,000원
(오디오 CD 1개포함)

*어린왕자 8,000원
(오디오 CD 2개 포함)

**고도를 기다리며 9,000원
(오디오 CD 2개 포함)

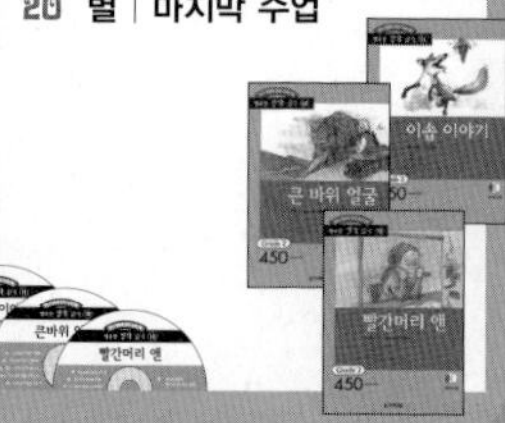

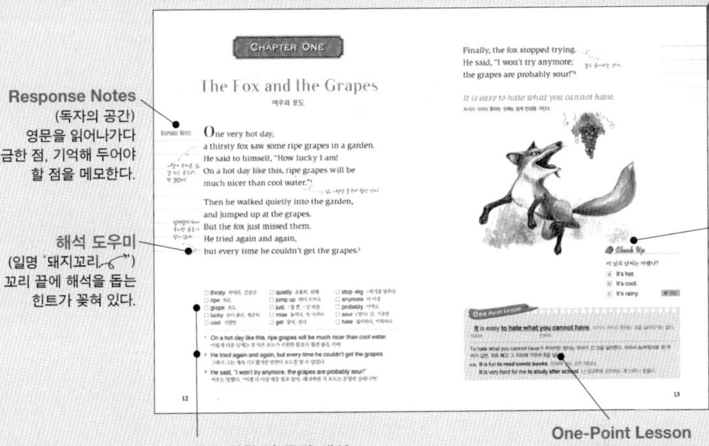

Response Notes
(독자의 공간)
영문을 읽어나가다
궁금한 점, 기억해 두어야
할 점을 메모한다.

해석 도우미
(일명 '돼지꼬리')
꼬리 끝에 해석을 돕는
힌트가 꽂혀 있다.

주요 어휘 및 문장 해석

Check-Up
내용 파악이
잘 되었는지 확인.

One-Point Lesson
주요 문법사항이나 표현에
대한 심층 분석 코너.

✛ 실력 굳히기 ✛

실력에 맞게 효과적으로 끊어 읽으며 직독직해 훈련을 한다.

★ 영어의 맛 ★
제대로 느끼기

영문판 원서 도전을 위한
전 단계의 준비과정이다.

Grade 3 — Pre-intermediate — 600 words

Grade 4 — intermediate — 800 words

Grade 5 — Upper-intermediate — 1000 words

패턴 따라 쉽게 쓰는 틴틴 영어일기 1, 2

❶ 일상생활 패턴정복
❷ 학교생활 패턴정복

중학교에 다니는 여학생과 남학생이 각각 일상생활과 학교생활을 중심으로 1년간의 일을 쉽고 재미있게 쓴 영어일기. 중학생이라면 누구나 한번쯤 겪어봤을 만한 일들을 바탕으로 한 다양한 일기 소재와 어휘가 제공되어 있기 때문에, 영어일기를 통해 영작을 연습하려는 학습자에게 큰 도움이 될 수 있는 교재이다. 중·고생뿐만 아니라, 중학 영어를 미리 예습하려는 예비 중학생들에게도 아주 효과적인 영어 학습서로 강추!

□ 정미선 지음 / 4·6배 변형/192면
□ 정가 10,000원 (오디오 CD 1개 포함)

Teen Teen Diary (전3권)

❶ 매일 10단어로 뚝딱 중학생 영어일기

중1 수준의 어휘와 문장으로, 영어일기와 일상회화에 대한 감각을 익힌다.

□ 정미선 지음 / 신국판 / 144면
□ 정가 7,500원 (테이프 1개 포함)

❷ 매일 5문장으로 술술 중학생 영어일기

중2 수준의 어휘와 문장으로, 영어일기에 친숙해지고 자신감을 쌓는다.

□ 정미선 지음 / 신국판 / 152면
□ 정가 7,500원 (테이프 1개 포함)

❸ 매일 내맘대로 쓱싹 중학생 영어일기

중3 수준의 어휘와 문장으로, 중학영어를 마스터하고 미국의 일상회화에 익숙해진다.

□ 정미선 지음 / 신국판 / 144면
□ 정가 7,500원 (테이프 1개 포함)

지니의 미국생활 영어일기 Hello! America (전2권)

❶ 가을학기 ❷ 봄학기

어느 한국 여학생의 미국생활 이야기를 일기 형식으로 담은 책. 1권은 '가을학기', 2권은 '봄학기'편으로, 총 1년간의 미국 학교생활 및 일상생활에 관한 흥미로운 이야기들이 담겨 있다. 미국 학생들의 실생활을 바탕으로 한 탄탄한 스토리로 살아 있는 현지 영어와 미국문화를 체험할 수 있을 뿐만 아니라, 영어 독해 및 영작 연습을 할 수 있는 아주 유용한 교재이다.

□ 이지현 지음 / 국배판 변형 / 152면
□ 정가 8,500원